Dagmar Berg

Wer sind wir? Warum sind wir hier?

Dagmar Berg

Wer sind wir? Warum sind wir hier?

Gedanken zu Fragen des Lebens

Mit Bildern von Julia Ulrich

Cosma
Verlag

Cosma *Seraphim* Band 3

Seraphim will anregen –
zu sehen, zu denken, zu fühlen, zu erkennen.

Seraphim will eine Boje setzen und Geleit bieten –
in einer stürmischen Zeit.

Seraphim will vermitteln –
Einblicke, Ausblicke, Augenblicke.

Cosma Verlag, Heilmeyersteige 143, 89075 Ulm
Fon 0731/58336, Fax 0731/58339, E-Mail c4osma@aol.com
Satz und Gestaltung: Cosma Verlag, Ulm
Zeichnungen: Julia Ulrich, Ulm
Druck und Bindung: Schirmer, Ulm
Gedruckt auf säurefreiem und alterungsbeständigem Papier.

ISBN 3-931255-02-6

Wer sind wir?
Warum sind wir hier?

Wer sind wir? Das ist die Frage, die sich jeder bewußte Mensch im Laufe seines Lebens früher oder später stellt. Der späteste Zeitpunkt, an dem wir mit dieser Frage sicher konfrontiert werden, ist der Moment des Sterbens. Doch wir könnten und sollten uns schon früher mit dieser Frage auseinandersetzen. Je früher, desto besser. Denn dann hilft uns die Erkenntnis dessen, was wir sind, bereits in diesem Leben.
Die zweite Frage, die wir uns irgendwann stellen, ist: Warum sind wir hier? Oft denken wir, wir könnten den Sinn unseres Lebens nicht erkennen. Da allerdings nichts auf dieser Welt sinnlos sein kann, muß es auch einen ganz bestimmten Sinn

haben, warum wir jetzt hier sind – mit diesen Mitmenschen, in dieser Zeit. Je mehr wir uns um die Beantwortung dieser Frage bemühen, um so sinnvoller, um so reicher wird unser Leben werden. Und um so bewußter werden wir auch leben.
Das kleine Büchlein, das nun vor Ihnen liegt, will versuchen, anhand verschiedener Artikel diesen beiden Fragen nachzugehen. Mögen Sie in ihnen Antworten auf Ihre Fragen und für Ihr Leben finden.
Die Arbeiten sind im Verlauf vieler Jahre geschrieben worden, in denen ich auf der Suche nach dem Sinn meines Lebens war. Die Fragen, die sich mir im Verlauf des Lebens – durch viele Probleme bedingt – stellten, sind darin angesprochen. Eine letzte Lösung kann Ihnen das Buch nicht geben. Es kann nur Wegbegleiter sein und Denkansätze vermitteln. Den Weg, oder

besser gesagt: seinen Weg finden muß jeder allein.
Viele Wege führen zum Ziel, und eines Tages werden wir alle an dem einen Ziel – nämlich der Einheit mit allem und jedem – ankommen. Dann gibt es keine Fragen, dann gibt es keine Probleme mehr.

Ulm
Herbst 1996

Dagmar Berg

Von der Geduld

Man muß warten können. Warten, bis die Zeit reif ist, daß einem etwas gegeben wird. Dann kommt alles von allein. Dies ist so einfach – und doch so schwer für uns. Da wir immer alles haben und machen wollen, ist es sehr mühsam, nichts zu tun und Geduld zu haben, uns in Geduld zu üben. Doch auch das ist eine der Prüfungen. Geduldig darauf zu warten, daß alles so kommen wird, wie es gut für uns ist.
Geduld zu haben bedeutet gleichzeitig, Vertrauen zu haben. Vertrauen, daß alles zu seiner Zeit zu unserem Besten sein wird. Auch wenn wir das im Augenblick vielleicht nicht sehen können. Vertrauen, daß jemand hinter uns steht, der alles lenkt. Der uns unsere freie Wahl läßt, aber

das Ziel kennt, auf das wir zusteuern können, sollen, dürfen. Er kennt das Ziel, das unseren Augen verborgen ist und bleiben muß, da wir dieses Ziel sonst nie erreichen würden. Der Weg dahin ist nicht immer gerade und auch nicht immer leicht. Doch er wird genau die Schwierigkeitsgrade haben und die Bögen machen, die wir für unsere Entwicklung brauchen. Wir werden genau das lernen, die Ausdauer und Kraft erhalten, um unser Ziel zu erreichen. Darauf können wir uns verlassen! Wenn wir diese Sicherheit haben, dann können wir uns auch viel leichter in Geduld üben. Es wird schon alles so kommen, wie es gut für uns ist.
Nun heißt dieses Warten jedoch nicht, die Hände in den Schoß zu legen und nichts zu tun. Nein, ganz und gar nicht! Es heißt wartend unsere Pflichten zu erfüllen, wartend den Alltag zu meistern und wartend voll Vertrauen unseren Weg zu gehen.

Wenn ich weglaufe von einer Bushaltestelle, weil es mir zu lange dauert, bis der Bus kommt, kann ich den Bus oder Zug nie erreichen. Aber ich brauche die Zeit an der Haltestelle nicht untätig zu verbringen. Wenn ich mich beschäftige, geht die Zeit auch viel schneller vorbei. Wenn ich nur dastehe und die Minuten zähle, dauert es ewig, bis der Bus kommt. Genauso ist es auch im Leben.
Dies zeigt uns auch die Relativität der Zeit. Wenn ich ungeduldig auf ein Treffen mit dem Geliebten warte, dann dehnen sich die Minuten zu Stunden. Jst er dann jedoch endlich da, vergeht die Zeit wie im Flug. Ein objektives Maß für unsere Empfindungen gibt es nicht.
Es nutzt nun allerdings auch nicht viel, dem Bus entgegen- oder nachzulaufen. Die Chancen, ihn so zu erreichen, sind nur gering, meine Anstrengung jedoch viel größer. Der Bus hält nämlich immer an

der vorhergesehenen Stelle. Also bleibe ich am besten da stehen und warte geduldig.
Auch das Samenkorn, das in der dunklen Erde liegt, muß geduldig darauf warten, daß es endlich an das Licht des Tages kommen darf. Doch auch es braucht seine Zeit der Reife, damit später eine große, gesunde Pflanze aus ihm werden kann.

Wir unterwerfen uns hier in der Materie unter das Joch der Zeit und des Raums.
Wir tun es freiwillig.
Doch es ist eine Last, die wir jederzeit abstreifen können.
Es liegt nur an unserem Willen, ob wir es tun.

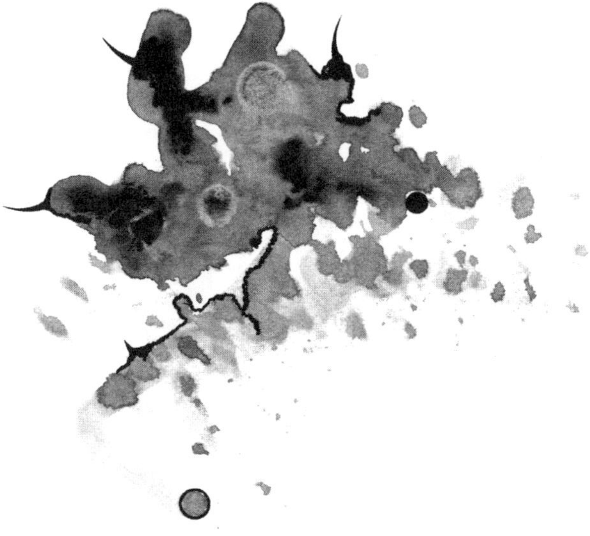

Über die Seele

Was wir Seele nennen, ist eigentlich der göttliche Atem in uns – das, was uns mit Gott verbindet, was uns göttlich, unsterblich macht. Bei der Empfängnis eines Kindes tritt diese Essenz in uns ein, und sie verläßt uns erst beim Tod. Ohne den göttlichen Anteil in uns wären wir nur eine Hülle, wie dies unser Körper nach dem Verlassen der Seele – die sich nach dem Tod jedoch erst langsam von uns löst – als tote Substanz auch ist. Danach ist der Körper nur noch Materie, der von der Erde stammt und wieder zu Erde wird.

Die Seele löst sich jedoch im Verlauf des Sterbeprozesses nur langsam vom Körper. Dabei nimmt sie unser Bewußtsein mit. Deshalb verfällt der Sterbende immer wieder in einen totenähnlichen Schlaf. Nach dem letzten Atemzug zieht sich die Seele aus allen Zellen, aus aller Substanz, zurück und steigt aus dem Körper auf. Wir können uns das ähnlich vorstellen wie Rauch von einem Räucherstäbchen aufsteigt. Der Rauch kann gerade durch alle immateriellen Ebenen, die noch sehr der Erde verhaftet und verwandt sind, hochsteigen und sich dann erst in der Höhe, wo schon hellere, lichtere, gottähnlichere Schwingungen sind, verteilen. In dem Moment des Verteilens des Rauches vermischt er sich mit den ihn umgebenden Substanzen. Jedes einzelne Rauchpartikelchen bleibt erhalten und jedes Partikelchen beherbergt das Bewußtsein unseres ganzen vergangenen Lebens. In jeder Zelle unseres Körpers ist auch der gesamte genetische Code von uns enthalten. Genauso ist es mit unserem Bewußtsein, das überall ist. Verteilt sich der

Rauch nun schon sehr schnell durch die Turbulenzen, die um ihn sind, so nimmt er aus den ihn umgebenden niederen Schichten, die noch stark triebhaft und erdverbunden sind, viele Partikelchen dieser Ebene in sich auf. Steigt die Seele ganz gerade in höhere Ebenen auf, so nimmt sie nur diese höheren Schwingungen in sich auf. Deshalb ist es sehr wichtig, womit sich unser Bewußtsein in der Sterbephase beschäftigt.

Es kommt danach eine Phase der Reflexion – man kann sie vergleichen mit der kurzen Ruhephase zwischen Ein- und Ausatmen. In dieser Phase zieht die Seele Bilanz aus dem vergangenen Leben. Sie erkennt, was falsch war und entschließt sich, in ein neues Leben in die Materie zurückzukehren.

Da wir alle nur der Entwicklung eines universellen Bewußtseins dienen und alle nur ein Teil eines Ganzen sind, ziehen sich

dann wieder verschiedene »Rauchpartikelchen« – alle mit dem Bewußtsein ihrer vergangenen Leben – zusammen. Es ziehen sich genau die Partikelchen zusammen, die nötig sind, um ein neues »Atom« zu schaffen, das heißt wieder einen neuen Menschen, der seine Weiterentwicklung betreiben kann und so zu einem Teil in der Weiterentwicklung der gesamten Menschheit wird.
Ist eine Seele nun in sehr niederen Turbulenzen nach dem Tod verteilt worden, so zieht sie auch sehr viele niedere, noch stark erdverhaftete Partikelchen an sich. Konnte sie jedoch ungestört bis in hohe Höhen aufsteigen, dann wird sie auch mehr klare, reine, bereits geläuterte Partikelchen mit sich ziehen und mit diesen eine neue Seele formen.
Deshalb sind die letzten Stunden im Leben eines Menschen so wichtig. Der letzte Gedanke ist der wichtigste. Denn die-

ser Gedanke kann ihn nach oben leiten oder wieder sehr erdnah verhaften lassen.
Beim plötzlichen Unfalltod hat die Seele keine Gelegenheit, sich langsam zu lösen. Sie wird geradezu aus dem Körper herauskatapultiert und ist total verwirrt. Sie ist völlig in diesen erdnahen Turbulenzen verhaftet und gefangen. Häufig weiß sie überhaupt nicht, wo sie sich befindet, und haftet noch längere Zeit an den Menschen, um sich bemerkbar zu machen. Durch die Hilfe von hochentwickelten Seelen, die sich verkörpert haben, oder von verstorbenen Seelen, die ihr zu Hilfe kommen, gelingt es ihr schließlich, sich zu lösen und aufzusteigen.
Auf jeden Fall wird die Seele immer genau an den Platz kommen, für den sie sich entschieden hat. Alles geschieht nach einem großen Plan, den wir hier nur nicht überschauen können. Dieser göttliche

Plan ist großartig, er ist gerecht, und er ist immer zu unserem Besten. Auch wenn wir das manchmal nicht sehen wollen oder sehen können. Wir haben die freie Wahl, uns in diesem Plan unseren Weg auszusuchen, und kommen doch genau dorthin, wo wir selbst hin wollen. Es gibt keinen Zufall, es gibt kein Schicksal, wir sind alle nur ein Teil des Ganzen und spielen unsere Rolle auf der Bühne des Lebens. Wir spielen sie so gut oder so schlecht, wie wir können. Wir sind nur einer von vielen Darstellern auf der Bühne des Lebens. Gott führt Regie, doch wir entscheiden, wie wir spielen. Der Ausgang des Stükkes aber ist immer gewiß.

Es gibt einen fast fließenden Übergang zwischen Ein- und Ausatmen, zwischen Wachsein und Schlaf, zwischen zwei Gedanken, zwischen Leben und Tod. In diesem kleinen »fast«, in dieser kleinen Zäsur können wir das Sein, das Göttliche, erleben. Wenn wir also bewußt die Pause zwischen Ein- und Ausatmen erleben, zwischen Wachsein und Schlaf, zwischen Leben und Tod, können wir uns der Erkenntnis des Göttlichen und damit der Erkenntnis unserer Seele nähern.

Unser Bewußtsein muß immer auf frühere Erinnerungen und Erfahrungen zurückgreifen. Das Unbewußte hat viel weiter zurückliegende Erinnerungen und Erfahrungen. Das Unbewußte ist grenzenlos in seiner Erinnerung. Es besitzt das vollkommene Wissen, es ist eins mit dem Universum, es ist eins mit dem Göttlichen. Es ist in jedem von uns.

Was nie begann,
wird auch nie enden.
Da alles Materielle irgendwann
eine Entstehung hatte,
wird auch alles Materielle enden.
Das Göttliche hat nie begonnen
und wird auch nie enden.
Da unsere Seele göttlich ist,
sind wir unsterblich.

Unsere Beziehungen

Beim Überleben in der Welt helfen uns andere Menschen. Ohne die Hilfe unserer Eltern könnten wir nicht überleben. Wenn uns unsere Eltern nicht annehmen, dann helfen uns andere Menschen; ansonsten müßten wir hilflos zugrunde gehen. Dadurch erkennen wir schon sehr früh unser wichtigstes Überlebenssystem. Wir werden Teil eines Netzwerks von Menschen. Während unserer weiteren Sozialisierung werden wir von unseren Fürsorgern, die auch unsere Aufpasser sind, für unser Verhalten bestraft und belohnt. Und zwar meistens mit Liebesentzug oder mit Liebe. Das Resultat davon ist, daß wir immer auf andere schauen, um zu sehen, ob unser Verhalten richtig ist und angepaßt. Die anderen

geben uns unser Selbstwertgefühl. Bin ich schlecht oder gut? Bin ich liebenswert? Habe ich ein Recht zu leben?
Alles hängt von den anderen ab. Wir schauen in die Augen der anderen, um zu sehen, wer wir sind. Doch der andere hat auch seine Absichten, und sein Verhalten, seine Antworten spiegeln seine eigenen Bedürfnisse wieder. Von daher kann es nicht überraschend sein, daß wir viel mehr Zeit und Aufmerksamkeit auf andere und auf unsere Umgebung richten als auf uns selbst. Wir suchen uns ein emotionales Netz, in dem wir uns wohl fühlen. Der andere soll uns die Sicherheit geben, die wir zum Leben brauchen. Nur in der Aufmerksamkeit eines anderen existiere ich überhaupt. Es ist nicht überraschend, daß viele Menschen in krankmachenden Beziehungen bleiben, weil sie sonst nicht sein könnten. Besser eine gehässige, als gar keine Aufmerksamkeit.

Dann nimmt mich der andere ja wenigstens in seiner Ablehnung noch wahr. Doch jeder Mensch lebt auf vielen Ebenen. In einer zwischenmenschlichen Beziehung wird oft nur eine Ebene gelebt, die anderen werden ausgeschlossen. Wir bauen dann eine Erwartungshaltung auf, wie der andere sein soll, und wir werden selbst in die Erwartungshaltung des anderen eingefangen. Mit großer Hartnäkkigkeit erzählen wir dem anderen, wer wir sind und was uns zu dem gemacht hat, der wir zu sein glauben. Zu Beginn einer Beziehung sind wir endlos damit beschäftigt, dem anderen unsere Geschichte zu erzählen. Der andere wird uns erkennen und verstehen. Er wird uns annehmen, so wie wir sind. Der andere soll uns dabei unterstützen, der zu sein, der wir sein möchten. Dafür helfen wir ihm bei der Verwirklichung seines Bildes von sich.

Doch wer sind wir wirklich? Ich bin hilflos, ich bin schwach, ich bin arm, stark, reich etc. Wir bleiben an den Vorstellungen und Etiketten hängen, die uns unser Verstand geschaffen und unsere Umwelt vermittelt hat. Die Schwäche des einen soll durch die Stärke des anderen ausgeglichen werden. Ich bin hilflos, du bist stark. Ich bin reich, du bist arm. Ich helfe dir. Dies ist die Hauptmotivation unserer Beziehungen, und es geht auch eine ganze Weile gut.

Das Problem besteht jedoch darin, daß wir uns im Verlauf unserer spirituellen Reise entwickeln werden. Einer verändert sich. Er entspricht nun nicht mehr dem Bild, das der andere sich von ihm gemacht hat. Jetzt wird der andere ihn bestrafen, da er nicht mehr der Rolle entspricht, die er erwartet. Diese Veränderung hat etwas mit unserem inneren Wachstum zu tun. Dadurch verändern wir unsere Identität. Jeder Mensch hat viele Identitäten in sich. Der Partner hat aber immer nur die eine gesehen, die ihm paßt. Er wollte nie das ganze Bild sehen, sondern nur den Ausschnitt, der ihm gefiel. Plötzlich zeigt ihm der Freund einen anderen Ausschnitt aus den Bild. Das ist verwirrend, und daran zerbricht die Freundschaft häufig.

Alles hat jedoch mit unserem eigenen Denken und mit unserer eigenen Erwartung zu tun. Zwar wäre es sehr einfach, wenn wir immer nur bleiben, wer wir zu sein meinen, und die Seite zu zeigen, die der andere mag. Damit wäre eine Weiterentwicklung jedoch ausgeschlossen. Im Prozeß dieser Entwicklung verändern sich auch unsere zwischenmenschlichen Beziehungen. Wenn wir bewußt werden, wachen wir auf und sehen die Welt und unsere Mitmenschen mit anderen Augen, Man entdeckt neue Seiten am anderen, man findet neue Menschen, man liest andere Bücher etc. Die Beziehung bekommt eine andere Bedeutung.

Jetzt möchte man mit anderen Menschen zusammensein. Man kann aber nicht plötzlich mit den alten Freunden oder Ehepartnern nichts mehr zu tun haben wollen. Der würde sich dadurch verletzt und ausgeschlossen fühlen. Wir verursachen dadurch Leid für den anderen und er für uns.

Unsere spirituelle Entwicklung kann aber nicht auf dem Leid eines anderen basieren. Wie sollen wir uns verhalten? Mit Menschen, mit denen wir eng verbunden sind, sollten wir anfangen zu arbeiten. Wir sollten versuchen, sie auf unserer Reise mitzunehmen. Vielleicht kommt der andere auf seinem Weg dadurch ebenfalls weiter. Indem ich ihm helfe, führt mich auch mein Weg weiter. Da ich die Menschen in meiner Umgebung liebe, versuche ich, ihnen zu zeigen, was ich meine, erkannt zu haben. Doch es gibt viele unterschiedliche Stadien der Entwicklung, und keine ist besser oder schlechter als die andere. Es ist nicht besser und nicht schlechter, ob man alt oder jung ist. Es sind nur verschiedene Entwicklungsstadien, und jedes ist notwendig. Indem ich dies erkenne, kann ich den anderen sein lassen. In diesem Raum kann der andere wachsen.

Wenn wir unser Herz für den anderen öffnen, können wir in unserem Herzen erkennen, wer er wirklich ist, und wir verfallen nicht der Projektion des anderen. Mit offenem Herzen fühlt sich der andere nicht verletzt und er kann ebenfalls offen bleiben. Selbst wenn dann die Bilder nicht mehr zusammenpassen und man sich trennt. Wenn wir uns jedoch von der anderen Person verurteilt fühlen, dann krampft sich unser Herz zusammen, und wir grenzen uns ab. Die meisten Dramen unseres Lebens passieren auf dieser Ebene. Wenn wir dieses Melodram unseres

Lebens erkennen, können wir in uns gehen und die Tiefe und Bedeutung einer Beziehung erkennen. Wir können dann weiter in der Beziehung bleiben, jedoch nicht unverändert. Wir betrachten die Partnerschaft als einen Lernprozeß, durch den wir beide lernen können. Jst jedoch die Bereitschaft zu lernen nicht vorhanden, wird die Beziehung beendet werden müssen.

Durch die Arbeit an der Entwicklung unseres Bewußtseins bemühen wir uns, hinter die Geschichte zu schauen. Keiner kann seine Geschichte aufgeben; aber man kann dahinter schauen, und alles sieht ganz anders aus. Das bedeutet, den anderen mit offenen Augen und mit offenem Herzen zu betrachten. Mit all unseren Beziehungen sind wir Gefährten auf einer gemeinsamen Reise. Auch wenn ein Mensch uns verläßt, war er ein Weggefährte zu einer bestimmten Zeit, und er

Wenn wir immer wüßten, was wir tun,
würden wir viele Dinge nicht tun.
Bemühen wir uns deshalb immer,
die Folgen unseres Tuns zu erkennen.
Damit können wir uns selbst
und dem anderen viel Leid ersparen.
Uns selbst verschaffen wir Glück und
Zufriedenheit.

wird das auch immer bleiben. Behalten wir dies in dankbarer Erinnerung.

Sterbebegleitung – was ist das?

Der Tod ist freundlich. Wir können ihm genauso begegnen und ihn mit Freude begrüßen, wie wir die Geburt eines neuen Menschen begrüßen. Denn es ist immer der gleiche Vorgang, ob ich komme oder gehe – es ist jeweils nur in eine andere Dimension. Wenn man dies erkannt und verinnerlicht hat, dann kann der Tod auch zu etwas Begrüßenswertem werden. Denn in diesem Moment geht ein Mensch in eine andere Dimension. Für ihn ist das Leben hier vorbei, er darf nun wieder in der Einheit sein und sich auf ein neues Erdenleben vorbereiten. Nur wir, die wir ihn hier gekannt und geliebt haben, vermissen ihn natürlich. Doch das ist unser egoistischer Wunsch, daß wir ihn gerne noch bei uns hätten, mit ihm spre-

chen wollten. Dieser Wunsch wird eines Tages in Erfüllung gehen. Wir müssen nur warten. Es ist ja nur für eine kleine Weile, daß wir getrennt sind.
Diese Einstellung, die uns in der westlichen Welt eigentlich fremd ist, ist jedoch vonnöten, wenn man eine spirituelle Sterbebegleitung machen möchte. Sonst ist die Begleitung nur ein menschliches Dasein. Dies ist zwar auch begrüßenswert, wird jedoch nicht zu einer Begleitung, in der man mit und bei dem anderen ist.
Nur aus dieser Haltung heraus kann ich mit dem Menschen, der gehen muß oder darf, ehrlich sein. Immer ehrlich zu sein, das heißt die Wahrheit zu sagen, ist jedoch das Wichtigste im gesamten Prozeß des Sterbens. An der Schwelle in die andere Dimension müssen wir es endlich lernen, die Wahrheit zu sagen und die Wahrheit zu leben. Nur dann können wir auch in die Wahrheit gehen.

Leider sieht es in unserer heutigen Welt jedoch so aus, daß man sich und dem anderen etwas vormacht. Man möchte das Ende nicht wahrnehmen, weil man nicht loslassen möchte. Wie Kinder, die die Augen zudecken, wenn sie etwas nicht sehen möchten, so meinen wir, wenn wir nicht über den nahenden Tod reden, dann wäre er nicht da. Deshalb wird entweder über Banalitäten gesprochen – oder eine falsche Hoffnung gemacht. Da jeder aber weiß, daß er nicht die Wahrheit sagt und sich selbst und den anderen belügt, kann selbst in dieser letzten Phase des Lebens kein Vertrauen herrschen oder entstehen. Dabei ist es die letzte Chance dieses Lebens, Vertrauen zu lernen und Vertrauen zu haben. Denn nur wo Vertrauen herrscht, kann auch Liebe entstehen. Um die Liebe zu lernen und zu leben, sind wir jedoch hierher auf Erden gekommen. Man braucht die Dualität des Materiellen, um

Liebe zu etwas anderem, zu einem anderen zu empfinden.
Deshalb gibt uns eine Sterbebegleitung in diesem Sinne die letzte und wunderbare Möglichkeit, Liebe zu geben und Liebe zu empfangen.
Bei jeder Sterbebegleitung – nicht nur bei Freunden und Verwandten, auch bei Fremden, die es dann nicht mehr gibt – darf man dieses Gefühl einer tiefen inneren Zuneigung erleben. Es ist ein Gefühl ohne Worte, ohne Traurigkeit, ohne Überschwang, ohne Frage – nur tiefe Liebe.
Diese Liebe hat im Gegensatz zu unserer normalen menschlichen Liebe keinen Zweck mehr. Sie kann, darf, will nichts mehr bewirken. Sie ist nur noch da. Man ist ausschließlich für den anderen da und der Sterbende auch für mich. Man weiß, daß man getrennt wird, jeder Moment, jeder Atemzug kann der letzte sein, und deshalb verharrt man im Augenblick. Nur

der Augenblick jetzt zählt. Nur dieser Augenblick ist Glück. Man weiß nicht, was morgen ist, und es zählt auch nicht. So ist es zwar im ganzen Leben, doch wir nehmen es nicht wahr und leben es im wahrsten Sinne des Wortes auch nicht. Erst im Moment des Sterbens können wir wirklich lernen zu leben. Welch eine Erfahrung, welch eine beglückende Erfahrung dürfen wir, dank dem Menschen, der geht, machen.

Sterbebegleitung – was ist das? Sterbebegleitung bedeutet im Moment des Abschiednehmens in Liebe zueinander wachsen.

Wo immer wir waren,
werden Spuren von uns bleiben.
Nichts kann vergehen, nichts ist umsonst.
Alles hat seinen Sinn,
auch wenn wir ihn nicht erkennen.
Ob wir hier sind oder nicht,
es spielt keine Rolle,
da es immer das Gleiche ist.
Ob ich ich bin oder ob ich du bin,
es spielt keine Rolle,
da wir immer derselbe sind.
Erkenne dies und du bist eins mit allem!

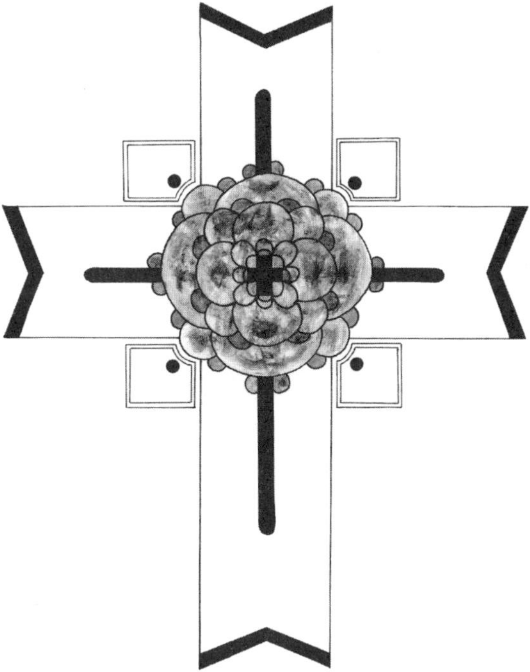

Wir müssen
Christus vom Kreuz holen!

Heute, und von jetzt an immer wieder! So wie wir ihn vor 2000 Jahren ans Kreuz geschlagen haben – und danach jeden Tag aufs neue. Jetzt ist die Zeit für eine Umkehr gekommen.
Christus ist als eine Verkörperung, als ein Bild Gottes zu uns auf die Erde in die Materie gekommen. In dieser Verkörperung war die reine Liebe Gottes ausgedrückt, die sich hier in der Materie auf Erden verwirklichen sollte. Christus lebte hier auch die reine, selbst- und bedingungslose Liebe, die jeder von uns leben sollte. Doch wir Menschen konnten dieses lebende Beispiel nicht ertragen. Deshalb mußte er beiseite geschafft und ans Kreuz genagelt werden. Auch dazu war

er bereit, um uns durch seinen Tod als tägliches Mahnmal vor Augen zu stehen. Doch was haben wir gemacht? Wir haben uns damit zufrieden gegeben, daß er für uns gestorben ist, daß er die Sünden der Welt auf sich genommen hat. Dadurch konnten wir ganz beruhigt schlafen, es war ja einer da, der uns erlöst hatte. Dadurch fühlten wir uns nicht mehr aufgerufen, die Liebe, die er selbst verkündet und gelebt hatte, selbst zu leben. Warum denn? Die Arbeit war schon getan. Die Kirchen haben sich diese Ruhmestat dann auch an ihre Fahnen geheftet und dadurch für sich ein Imperium der Macht aufgebaut.

Vereinzelte Menschen im Laufe der Geschichte sahen sich zwar immer wieder veranlaßt, das Wort Christi zu leben und so seine Nachfolge anzutreten. Doch das waren nur einige wenige. Die Masse war zufrieden mit der Botschaft von der Erlösung durch den Herrn und nagelte ihn

durch Lieblosigkeit jeden Tag aufs neue ans Kreuz.
Damit muß es jetzt ein Ende haben. Wir müssen erkennen, daß wir durch sein Beispiel aufgerufen sind, die Liebe auf Erden zu leben. Dadurch können wir langsam die Nägel aus seinem Körper ziehen. Doch das ist natürlich weitaus schwieriger als sich durch ihn schon erlöst zu fühlen.
Er ist der Bruder von jedem von uns, der Teil in uns, der an der Lieblosigkeit und der Machtgier der Menschen gescheitert ist. Nehmen wir seine Botschaft auf und tragen sie weiter. Jeder von uns ist dazu aufgerufen. Jeder soll den anderen lieben wie sich selbst. Keiner darf dem anderen das tun, wovon er nicht möchte, daß es ihm selbst getan wird. Keiner soll sich auch nur der geringsten Arbeit zu schade sein, um sie für den anderen zu tun. Genauso muß aber auch die verantwor-

tungsvollste und wichtigste Arbeit, etwa die eines Politikers oder Chefs, in diesem Sinne getan werden. Wir müssen weg von unserem Ego-Trip, wo nur das Ich zählt. So kommen wir nie weiter. Für die anderen muß ich da sein. Denn der andere ist auch ein Teil von mir, ist auch ein Teil Gottes. Wie kann ich Gott, der alles ist, was ich bin, nicht lieben?
Wir in unserer Allgemeinheit, wir sind Gott. Menschen, Tiere, Natur, Erde und der gesamte Kosmos formen und sind damit Gott. Ohne uns gäbe es keinen Gott. Gott braucht uns so, wie wir ihn brauchen. Es ist immer alles das Gleiche, hat schon Hermes Trimestigos gesagt. Die Natur kennt zum Beispiel nur eine Doppel-Helix-Spirale als Baumuster des Lebens. Nur die geringfügige Verschiebung einer Aminosäure entscheidet, ob ein Mensch oder ein Tier entsteht. Entscheidet darüber, ob ein Mensch hochintelligent ist – oder eben nicht.

Genauso wie unser Körper aus Millionen von Zellen aufgebaut ist, ist Gott aus der Gesamtheit aller Lebewesen aufgebaut. Nun weiß ein kleines rotes Blutkörperchen in meinem Körper jedoch nicht, daß es ein Teil von mir ist. Es kennt mich als Person nicht, denn ich bin zu groß für es. Für sich selbst gesehen stellt dieses rote Blutkörperchen jedoch ein Lebewesen dar. Es kreist im Blut herum, erfüllt seine Aufgabe als Sauerstoffträger, teilt sich und vergeht in der Gesamtheit aller Zellen. Außer seiner Umgebung und seinem Weg durch die Gefäße hat das rote Blutkörperchen nie etwas kennengelernt. Und trotzdem war es immer ein Teil von mir, ohne es zu wissen, ohne sich Gedanken darüber zu machen. Es ist für mich da und ich bin für es da. Eines braucht den anderen. Getrennt, jeder seine Aufgabe erfüllend, sind wir doch eins und erfüllen dadurch wieder eine größere Aufgabe.

Vielleicht kenne ich diese Aufgabe nicht, aber ich bemühe mich, sie zu erfüllen und meinen Weg durch die »Gefäße« dorthin zu finden, wo ich gebraucht werde. Ich bin in meiner körperlichen Gesamtheit genauso ein »Sauerstoffträger«, ein rotes Blutkörperchen im Körper Gottes, wie die Zelle in mir. Genauso wenig, wie die Zelle mich erkennen kann, kann ich Gott erkennen. Doch ich bin dauernd ein Teil von ihm, und er ist ein Teil von mir.
Aus diesem Bewußtsein heraus werden uns auch die Folgen unseres Handelns bewußt. Sind wir in unserer Gesamtheit lieblos und grausam, so haben wir auch einen lieblosen und grausamen Gott. Sind wir jedoch voll Güte und Liebe füreinander, dann haben wir einen Gott der Liebe und Güte. So ist auch das Wort gemeint: »Was du einem meiner Brüder tust, das tust du mir«. Wir sind alle Teil eines Größeren, den wir Gott nennen. Warum kön-

nen wir diesen Aufruf zur Mitmenschlichkeit nicht verstehen und leben? Hören wir doch endlich auf, Christus ans Kreuz zu nageln, sondern fangen wir an, seine Nägel herauszuziehen. Wir ruhen uns auf seinen Wunden aus, anstatt seine Wunden durch Liebe zu heilen. Jeder von uns. Fangen wir also an, Christus vom Kreuz zu holen, indem wir die Liebe, die er gepredigt und gelebt hat, zumindest versuchen nachzuleben. Nur so kann die Welt sich weiterentwickeln.

In der Materie zu leben und
sich über die Materie zu erheben,
ohne Selbstdünkel,
ist das Schwerste,
das uns Menschen auferlegt ist.

Was bedeutet Spiritualität?

Was bedeutet das Wort Spiritualität? Es leitet sich aus dem Lateinischen von »spiritus« ab, zu deutsch: Geist. Spiritualität ist also das Geistige in uns, oder besser ausgedrückt: Die Sehnsucht nach einer Verbindung mit dem Geistigen in uns.

Wir werden als völlig spirituelle Wesen geboren. Nach der Geburt – ohne materielles Bewußtsein, ohne Entfaltung unseres Großhirns – sind wir noch in der Einheit mit dem Geistigen. Der Geist und wir sind noch eins, ohne daß uns überhaupt bewußt wird, daß es so ist. Je mehr wir durch den Lernprozeß, dem wir dann unterliegen, geprägt werden, desto mehr kommt es zu einer Entwicklung des Ich-Bewußtseins. Es tritt eine Trennung zwi-

schen dem Ich und dem Geistigen in uns auf.
Nachdem wir sprechen gelernt haben, besteht in uns als kleinen Kindern noch die Verbindung mit dem Geistigen in uns. Wir drücken dies in Form von Tagträumen aus. Wir erzählen unseren Eltern von Feen, Engeln und Kobolden, die um uns herum sind. Dies ist für uns zu diesem Zeitpunkt die Verbindung mit der geistigen Welt, die wir so erleben. Wir müssen jedoch erfahren, daß unsere erwachsene Umwelt unsere Erzählungen von den Feen und Engeln als Märchen abtut. Es wird uns nicht geglaubt, wenn wir davon sprechen, daß diese Wesen um uns herum sind.
Bis zu unserem vierten Lebensjahr haben wir gelernt, daß wir etwas sehen und wahrnehmen, was unsere Umwelt als Märchen, Träume und Lügen bezeichnet. Also hören wir auf, davon zu sprechen. Wir lauschen den Märchen der Erwach-

senen, die sie uns vorlesen, und finden dort teilweise noch Andeutungen der Dinge, die für uns real sind. Wir sprechen aber nicht mehr darüber. In uns selbst, vor allem aber nachts, beim Einschlafen und in unseren Träumen, haben wir noch die Verbindung zu der geistigen Welt. Wir sind zwar nicht mehr Teil dieser Welt, aber wir können sie noch wahrnehmen.
Mit dem Eintritt in die Schule wird unser logischer Verstand noch stärker geprägt. Nur der Intellekt, die linke Gehirnhälfte wird trainiert. Mit acht Jahren beginnt unser eigener Verstand uns zu sagen, daß es keine Feen und Engel gibt. Damit versinkt die Wahrnehmung der geistigen Welt, zu der ja nicht nur Feen, Engel und Kobolde gehören, sondern auch nicht-verkörperte Seelen, noch weiter ins Unbewußte. Wir selbst, unser Verstand, leugnet jetzt das Vorhandensein einer geistigen Welt. Unsere Träume hören langsam auf.

Mit dem Beginn der Pubertät, wenn die Sexualität erwacht, die uns fest und völlig in der Welt der Materie verankern wird, wird die Verbindung zu der geistigen Welt in uns ausgelöscht. In der Ablösungsphase kommt es bei manchen Jugendlichen noch zu einer plötzlichen Hinwendung zur Spiritualität. Dies drückt sich in einer allgemeinen Suche nach etwas Bleibendem, Geistigem aus. Allerdings werden diesen Jugendlichen keine Antworten gegeben, und die Suche ist nach kurzer Zeit wieder vorbei. Es besteht für uns nur noch der Körper, die Materie, der Sex. Dies ist zu diesem Zeitpunkt zwar nötig, um Nachkommen zu sichern. Doch plötzlich entdecken wir, daß wir auch sterben könnten, daß wir unseren Körper verlieren könnten. Die Todesangst in uns entsteht. Zunächst wird diese Todesangst, die den totalen Verlust des Geistigen in uns ausdrückt, noch in Träumen und in

Gesprächen versucht zu lösen. Aber schon bald merken wir, daß uns unsere Umgebung, unsere Eltern, unsere Lehrer keine Antwort auf diese Fragen geben können. Also hören wir auf zu fragen, unterdrücken unsere Angst vor dem Tod, vor dem völligen Verlöschen der Materie, und leben, als ob wir ewig leben würden. Unser Verstand sagt uns zwar, daß wir eines Tages sterben werden, doch jetzt und heute noch nicht.

Die Sexualität läßt uns, anstatt nach dem Geistigen, nach einem Menschen außerhalb von uns suchen. Durch die Sexualität und mit einem anderen Menschen können wir die Angst vor dem Allein-Sein vergessen. Da wir dadurch fest in der Materie verwurzelt werden, ist die Suche nach dem Gefühl für das Geistige, für das Spirituelle in uns völlig eingeschlafen. Das ist verständlich. Denn die nächsten Jahre müssen wir damit verbringen, einen Beruf zu erlernen, um vorbereitet zu sein, selbst Kinder zu haben und eine materielle Basis für unsere Nachkommen zu schaffen.

Erst in der Mitte unseres Lebens, wenn die äußeren Umstände stabilisiert sind, erwacht plötzlich wieder das Gefühl in uns, daß es auch etwas anderes geben muß. Bei vielen Menschen ist dies der Beginn der Suche nach einem anderen Sinn in ihrem Leben. Meistens machen wir uns gar nicht bewußt, was uns eigentlich fehlt. Wir schieben alle unsere Probleme auf unsere Umwelt, den Ehepartner, den Arbeitgeber, die Kollegen, die Kinder etc. Also auf etwas außerhalb von uns. Wir sind zu feige, uns selbst einzugestehen, daß uns selbst etwas fehlt. Wir erkennen nicht, daß uns die Verbindung mit der geistigen Welt fehlt. Oft werden deshalb die äußeren Umstände geändert. Wir wechseln den Ehepartner, die Arbeitsstelle

oder bauen ein neues Haus. Doch innerlich zur Ruhe kommen wir dadurch nicht. Häufig überfällt uns in diesem Alter auch eine Rastlosigkeit – und wer weiter nur außerhalb seiner selbst sucht, wird jetzt einige Jahre darin verbringen.
In diesem Alter treten zunehmend Krankheiten auf. Sie stellen wieder eine Chance dar, umzukehren. Durch die Krankheit ins Bett, auf das Ruhelager gezwungen, können wir Zeit zum Nachdenken, zum Umdenken finden. Hier erfolgt oft die Umkehr, die Hinwendung zum Geistigen, Göttlichen in uns. Wir fangen in diesem Zustand wieder an, »heim« zu finden. Heim zu uns selbst, zu dem Göttlichen in uns. Damit kehrt Ruhe in uns ein. Die rastlose Suche hat ein Ende gefunden. Wir können gesund und heil werden. Körperlich und geistig. Wir haben unseren Frieden gefunden, nichts ist wichtiger.

Weigern wir uns, dieser Suche nach dem Geistigen in uns nachzugehen, und bleiben wir an der Äußerlichkeit, an der Materie hängen, beginnt oft ein trostloses Altern. Wir werden entdecken, wie alles langsam nachläßt. Der Körper wird gebrechlicher, die Sinne lassen nach, die Sexualität ist verschwunden. Es entsteht das Gefühl, mit leeren Händen dazustehen.

Wo ist jemand, der uns jetzt helfen kann? Der Arzt? Mit unseren vielen Gebrechen, die oft nur ausdrücken, daß wir uns in unserem Körper nicht mehr wohl fühlen, schleppen wir uns von einem zum anderen. Sie verschreiben uns immer mehr Pillen, um unsere Angst zu vertreiben. Oft erfolgt auch jetzt noch keine Öffnung zu dem Spirituellen, zum Geistigen in uns. Schlaflos werden die Nächte verbracht, ohne Träume, ohne Hoffnung. Nun ist ja bald alles vorbei. Diese Angst sitzt in uns

fest, obgleich wir versuchen, sie im Unbewußten zu halten.
Geht der Prozeß des Alterns langsam in den Prozeß des Sterbens über, besteht noch einmal die Chance, daß wir die Verbindung zu dem Göttlichen in uns finden. Dann hat die Suche ein Ende. Die Todesangst ist vorbei. Wir erkennen, daß wir in einer größeren Einheit geborgen sind, als wir bisher dachten. Ist diese Angst geschwunden, kann ein friedliches Sterben stattfinden. Losgelöst und entspannt können wir uns wieder auf die Reise zurück in die geistige Welt machen. Wir wissen schon vor dem Eintritt des Todes von dem ewigen Kreislauf des Lebens und unserer Seele.
Bei vielen Menschen kommt diese Erkenntnis jedoch erst in der Todesstunde. Der Weg und die Zeit bis zu dieser letzten Stunde ist für diese Menschen ohne eine Verbindung zum Geistig-spirituellen

in uns lang und schwer. Ein Todeskampf zwischen der Materie und dem Geist findet statt – bis das Geistige gesiegt hat und die Materie verläßt. Erst in der letzten Stunde tritt die Entspannung ein – wenn durch das Erlöschen unseres Gehirns wieder das alte Wissen der Seele um unsere Unsterblichkeit auftritt. Wir sind Kinder der Ewigkeit, es gibt keine Zeit mehr für uns. Wir können gehen, um wieder zu kommen. Mit dieser Erkenntnis tritt oft ein glückliches Lächeln auf das dann entspannte Gesicht des Sterbenden. Ruhe und Friede breiten sich aus. Eine Seele hat heim gefunden.

Warum sollen wir jedoch erst auf unsere Todesstunde warten, bis wir mit der Suche nach dem Geistigen in uns beginnen? Warum machen wir uns nicht schon früher auf den Weg, der unser Leben bestimmen wird? Dieser Weg der Spiritualität wird dann unser Ziel sein. So können wir schon viel früher Ruhe und Frieden in uns finden. Haben wir das Geistige in uns gefunden, haben wir auch das wahre Glück in uns gefunden – haben wir uns selbst gefunden. Wir werden unabhängig von Äußerlichkeiten. Wir stehen im Leben, sind jedoch mit etwas Größerem verbunden. Wir sind in die Einheit mit allem schon zu Lebzeiten zurückgekehrt. Kann es etwas Schöneres als dieses Gefühl geben?

Jeder, der in sich blickt,
wird in sich das göttliche Licht erblicken.
Er wird dann zu einem
Lichtblick für seine Umgebung.

Welchen Sinn hat der Tod eines Kindes?

Da es nichts Sinnloses auf der Welt und im gesamten Kosmos geben kann, muß auch hinter dem Tod eines Kindes ein Sinn sein. Wir können ihn nur nicht erkennen.

Eine Seele entschließt sich zu inkarnieren. Sie sucht sich die Familie aus, mit der sie schon durch viele Leben verbunden war. Gefühlsmäßig beobachtet sie die Familie oder das zukünftige Elternpaar schon lange. Dabei stellt sie eine Problematik fest, die unter Umständen ganz tief im Unterbewußtsein des Paares ist. Da dieses Problem in der Familie schon in früheren Jnkarnationen bestand, entschließt sich die Seele, in diese Familie zu kommen und einzugreifen. Um etwas zu bewirken und zu ändern. Dabei kann es sich sowohl um eine Paarproblematik als auch um ein Familien- oder Einzelproblem handeln. Die Seele aus dem höheren Überblick und mit dem gesamten Wissen der Vergangenheit, Zukunft und Gegenwart erkennt dies. Sie hat nun die freie Entscheidung, sich genau hier und zu diesem Zeitpunkt zu inkarnieren. Sie weiß, daß sie eventuell nur eine kurze Zeit hier auf der Erde sein und ein »schweres Schicksal« durchleiden wird. Durch diese schwere Aufgabe wird die Seele aber selbst in ihrer Entwicklung weiterkommen. Sie entschließt sich also im vollen Wissen um ihr Schicksal zu kommen. Es ist ihre freie Entscheidung.

Während der Schwangerschaft wird die Seele nun direkt mit der Problematik des Paares vertraut. Sie erfährt zum Beispiel direkt die Gefühlskälte der beiden Partner und zukünftigen Eltern. Sie erlebt unter Umständen die Eifersucht eines älteren Geschwisters auf seine Ankunft usw. Wenn die Seele nun merkt, daß die Aufgabe doch zu schwer ist, wird es zu einer Fehlgeburt kommen, und sie kehrt wieder zurück, bevor sie wirklich in der Materie war. Und doch hat auch die Fehlgeburt eine Änderung bewirkt.

Wir müssen wissen, daß hinter all den Worten, die wir sagen, und hinter all den Gesten, die wir tun, oft eine völlig andere Gefühlswelt besteht. Doch unser Verstand hat uns so unter Kontrolle, daß wir selbst diese Gefühle oft nicht mehr wahrnehmen. Erst wenn wir im Verlauf einer langen Entwicklung wieder Verbindung zu unserem Selbst, zu unserem Inneren, zu unseren Gefühlen aufgenommen haben, können wir die Wahrheit, die Echtheit unserer Gefühle erkennen. Dann sehen wir auch die Diskrepanz zwischen unseren Worten und Taten und unseren Gefühlen.

Interessanterweise drückt unser Körper unsere wahren Gefühle oft besser aus als unsere Worte, die vom Verstand herkommen. Wir sollten deshalb als Lernprozeß besser unseren Körper beobachten, um unsere wahren Gefühle kennen zu lernen.

Doch nun zurück. Bleibt die Seele im Körper der Mutter und wird geboren, so wird durch das Ereignis der Geburt in der Familie etwas bewirkt. Es wird durch das Erscheinen der Seele in der Familie etwas bewirkt. In der Struktur der Familienbeziehung wird etwas verändert. Diese Änderung kann dergestalt sein, daß die Seele sich dann entschließt, doch zu bleiben, aber vielleicht eine Krankheit auf sich zu nehmen, um so weiter zu wirken. Auch das ist möglich. Denn es ist nichts zufällig, alles hat seinen Sinn, und nichts ist statisch. Alles ist fließend wie das Wasser, und durch den Fluß des Wassers wird jederzeit eine Änderung bewirkt.

In jedem Moment kann sich ein Wassertropfen entschließen, so oder so zu fließen. Bleibt er in der Mitte des Flusses, muß er eventuell um viele Steine herumfließen und sehr viel Energie aufwenden, um die Steine glatt zu schleifen. An der Seite kann er vielleicht schnell und ungestört dahin plätschern, und am Rand wird er langsam braun und schmutzig von der Erde. Je nachdem wird er in einem Meer oder in einem Sumpf landen. Es wird aber je nach seinem Lauf immer etwas bewirkt werden, und sein Entschluß ist nie rückgängig zu machen. Der Wassertropfen kann nur in jeder Sekunde einen neuen Entschluß treffen. Erst wenn er im Sumpf gelandet ist, wird er verdunsten, und es ist erstmals alles vorbei mit diesem Flußlauf – bis er dann als Regentropfen wieder auf die Erde fällt, in einen neuen Kreislauf. Hat er jedoch den Weg zum Meer gefunden, so geht er erstmals in der Ein-

heit des Meeres auf. Bis er auch von dort aus wieder verdunstet und aufs Neue auf die Erde herabfällt. So ist es auch mit uns Menschenseelen.
Jst die Seele nun jedoch in die Familie gekommen und merkt sie, daß es zu schwer ist zu ändern, was sie sich vorgenommen hat, hat sie jederzeit die freie Wahl, die Materie aufzugeben. Das Kind, der Säugling oder der junge Mensch wird dann wieder gehen und so seine Aufgabe erfüllen. Dadurch kommt es in der Familienstruktur zu ganz gewaltigen Änderungen. Wie die Änderung aussieht, ist ungewiß. Sie kann die Menschen zu mehr Ehrlichkeit bringen und mehr Nähe, oder zu noch mehr Abstand und in die Jsolierung führen. Auch diese Entscheidung ist frei und offen. Leider wissen wir das im Moment der Entscheidung oft jedoch nicht. Erst am Ende unseres Lebens, in der Rückschau, können wir die Konse-

quenz all dessen erkennen. Dann allerdings hat es als Lernprozeß erst einen Wert für das nächste Mal.
Wenn man in dieser Haltung der Dankbarkeit für die Seele und der Liebe für sie den Tod eines Kindes betrachten kann, wenn man sich fragt: »Was kann ich daraus lernen?«, dann ist auch der Schmerz um den Verlust des Kindes nicht so groß. Man weiß, daß der Tod des Kindes nicht sinnlos war, man weiß, daß unendliche Liebe – das heißt Liebe ohne Ende – dahinter steht. Man weiß natürlich auch, daß man diese Seele wieder treffen wird.

Wir kommen, um zu gehen,
wir leben, um zu lieben.
Und doch ist es das Schwerste,
alles loszulassen und alles zu lieben.

Von Zufall und Gott

Wenn etwas unvermutet geschieht, nennen wir es Zufall. Ist es positiv für uns, nennen wir es Glück, ist es negativ, sprechen wir von Pech. Wir meinen immer, Zufall, Glück oder Pech wären etwas, das außerhalb von uns liegt, sozusagen völlig unabhängig von uns eintritt. Diesen »Zufall« machen wir für viele Dinge in unserem Leben verantwortlich. Wir können nichts dafür, daß dieses oder jenes eingetreten ist, daß wir diese oder jene Person gerade getroffen haben, daß wir krank geworden sind etc. Es ist Zufall. Es ist uns sozusagen zugefallen.

Doch dem ist nicht so. Es gibt keinen Zufall. Kein Ereignis in unserem Leben ist zufällig. Es ist alles eine logische Konsequenz unseres Verhaltens. Wir können dies lediglich nicht erkennen, und wir wollen es auch gar nicht erkennen. Denn sonst müßten wir die volle Verantwortung für unser Leben übernehmen. Indem wir also von Zufall sprechen, wird vieles einfacher, da wir etwas außerhalb von uns Liegendes ins Spiel bringen.

Wenn wir jedoch genauer nachdenken, müssen wir erkennen, daß es keinen Zufall auf der Erde geben kann. Denn sonst wäre logischerweise alles sinnlos. Wenn der Zufall existieren würde, dann hätte alles andere keinen Sinn. Wie kann aber auf dieser Erde, in diesem Kosmos irgend etwas sein, das ohne Sinn ist? Dann wären wir alle nur ein Spielzeug Gottes, der mit uns spielt, wie ein Kind mit seiner Puppe. Wenn dem Kind das Spielzeug zu langweilig wird, wirft es seine Puppe weg, nach einer Weile holt es die Puppe wieder und liebt sie. Ganz von seiner Laune abhängig.

Es ist offensichtlich, daß dem nicht so sein kann. Wenn Gott außerhalb von uns existiert, könnte es ähnlich sein. Für manche Menschen beschließt er dieses, für andere jenes. Der Mensch kann nicht erkennen, was für ihn beschlossen wurde. Vielleicht kann er darauf vertrauen, daß es gut und richtig für ihn ist. Das Eintreten dieses göttlichen Beschlusses nennt er dann Zufall. Diese Haltung setzt einen tiefen Glauben an Gott voraus. Dieser Glaube kann jedoch zerstört werden, wenn ein Mensch stets nur Zufälle negativer Ereignisse erlebt. Zudem setzt diese Haltung einen Gott außerhalb von uns voraus. Wir können ihn und seine Gedanken nur nicht erkennen.

Es gibt jedoch noch eine andere Vorstellung – wenn wir nämlich erkennen, daß wir selbst in unserer Gesamtheit Gott sind, daß in jedem von uns – in jedem Menschen, in jedem Tier, in jeder Pflanze, in der

Erde, den Planeten und dem gesamten Kosmos, kurz gesagt: in allem – der göttliche Funke ist und diese Gesamtheit Gott verkörpert. Damit ist jeder von uns für alles, was geschieht, verantwortlich. Und wir können nichts mehr auf etwas von uns unabhängig Existierendes abschieben. Wir alle sind Zellen im Körper Gottes. Gott ist in uns, und Gott ist außerhalb von uns. Er ist alles, nichts existiert ohne ihn. Er ist nichts ohne uns, und wir sind nichts ohne ihn. Ohne uns gäbe es nicht Gott, und ohne Gott gäbe es uns nicht.

In diesem Bewußtsein ist es einleuchtend, daß nichts zufällig ist, sondern alles nur eine logische Konsequenz unseres Tuns. Jeder Gedanke, jede Tat von uns kann den »Zufall« bewirken. Jeder Gedanke eines anderen und jede noch so unscheinbare Tat eines anderen ist für den Zufall, der dann eintritt, verantwortlich.

Nur können wir diesen großen Zusammenhang nicht erkennen und sprechen deshalb so gerne von »Zufall«.

Jeder muß Frieden in sich gefunden haben,
ehe Frieden auf der Welt sein kann.
Nur was wir in uns selbst haben,
kann auch in der Welt sein.

Was ist Liebe?

Es wird viel über Liebe geschrieben und noch mehr geredet. Dabei wird jedoch immer nur über die menschliche Liebe gesprochen. Denn nur diesen Abklatsch der wahren Liebe kennen wir, und schon damit haben wir große Schwierigkeiten. Wenn wir einen speziellen Menschen zu lieben glauben, dann ist es bereits aus mit der Liebe – weil Liebe immer da ist, nie endet und alles und jeden mit einschließt. Jedes Tier, jede Pflanze, schlichtweg alles. Wie kann ich dann nur einen einzelnen Menschen lieben, den anderen aber nicht?
Es wird oft gesagt, kein Mensch könnte anders, nämlich alles lieben. Doch genau dafür war Christus als Sohn Gottes auf Erden inkarniert, um uns zu zeigen, daß

man auch in der menschlichen Materie alles lieben kann. Selbst seine Feinde und Widersacher. Man kann sich abwenden von einem Menschen, ihn vielleicht verlassen, aber man sollte nie aufhören, ihn zu lieben. Auch wenn man nicht mit ihm leben kann.

Diese Liebe stellt keine Forderungen, will nicht besitzen, sondern ist einfach nur da. Da-sein für den anderen ist zugleich der Sinn unseres Lebens. Dafür sind wir hier auf Erden inkarniert. Wir alle – nicht nur Christus. Das ist die schwerste Aufgabe, die wir erkennen und leben müssen, oder besser gesagt: leben dürfen. Wenn wir selbst erst einmal damit begonnen haben, diese Art von Liebe zu leben, oder es zumindestens einmal versuchen, wird unser Leben selbst sehr einfach und leicht. Denn wir haben damit unsere Ich-Bezogenheit aufgegeben, und der andere steht im Mittelpunkt unseres Denkens und unseres

Bemühens. So können wir auch nicht mehr verletzt werden. Wir wollen, daß es dem anderen gut geht. Wenn er uns verläßt, so muß er es tun, damit es ihm gut geht. Also akzeptieren wir es einfach. Wir haben weiterhin gute und liebevolle Gedanken für ihn. Wir sind anschließend vielleicht traurig, doch wir verschließen unser Herz nicht wieder, sondern es bleibt offen. Dadurch können wir den Schmerz und das Leid vermeiden. Denn wir selbst machen uns den Schmerz, weil unsere Vorstellungen nicht erfüllt worden sind. Doch wahre Liebe macht sich keine Vorstellungen vom anderen, sondern läßt ihn gerade so sein, wie er ist.

Genau das ist es, was Gott mit uns macht. Er liebt uns so wie wir sind. Denn wir sind alle ein Teil von ihm. Wer wird aber Teile von sich selbst nicht lieben? Wir alle sind seine Kinder. Das ist mit diesem Wort gemeint. Nicht nur Christus war sein

Sohn, wir alle sind Söhne und Töchter von ihm.
Ist diese Erkenntnis, daß wir alle ein Teil von ihm, ein Teil des Göttlichen sind, erst einmal zu uns durchgedrungen, dann erkennen wir auch, daß wir alle eins sind. Damit kann dann diese göttliche Liebe in unserem Herzen erwachen, und wir können beginnen, diese Liebe zu leben.
Die menschliche Liebe, wie wir sie für einen anderen Menschen empfinden, ist nur zur Probe und zum Kennenlernen der göttlichen Liebe da. Diese Liebe erzeugt in unserem Herzen ein gutes, ein wohliges Gefühl. Das möchten wir gerne immer haben, und deshalb tut uns das Herz weh, wenn uns der geliebte Mensch verläßt. Dabei kann dieses Gefühl immer in unserem Herzen sein. Wir selbst entscheiden uns dafür. Gott hat uns in seiner Liebe nicht geschaffen, damit wir leiden sollen. Wir machen uns unser Leid selbst.

Je weiter wir vom Göttlichen entfernt sind, desto mehr werden wir leiden. Je mehr wir uns der göttlichen Liebe in uns wieder nähern, desto mehr verschwindet auch das Leid. Von Gott können wir nie verlassen werden.
Gut erkennbar ist dies in der Todesstunde, wo alles Leid von uns abfällt, weil wir wieder in die göttliche Schwingung der Liebe zurückkehren. Diese Liebe hier auf Erden zu erkennen und dann zu leben, das ist das Schwerste, das uns Menschen aufgetragen ist. Dazu müssen wir uns selbst überwinden – dies und nichts anderes bedeutet der Tod Christi am Kreuz.

Glaube, Hoffnung, Liebe –
doch die Liebe ist das Größte
unter ihnen.
Denn die Liebe ist alles.

Der Weg ist das Ziel

Oft vergeht viel Zeit – die es gar nicht gibt –, ohne daß etwas passiert. Dies sind Ruhephasen, in denen in uns etwas wachsen muß und wir uns weiter entwickeln dürfen.

Das Leben ist spannend, abenteuerlich und schön. Wenn wir es nur so nehmen können, wie es ist und es als einen Lernprozeß ansehen, durch den wir hindurch müssen. Wir aber wollen dies nie akzeptieren. Wir wollen unseren Willen durchsetzen. Alles soll so gehen, wie wir uns das vorstellen. Und wenn es nicht so läuft, wie wir uns das gedacht haben, dann sind wir frustriert, traurig oder ärgerlich und wütend. Wir können nicht erkennen, daß darin ein Lernprozeß liegen soll. Es fällt uns schwer zu akzeptieren, daß es einfach so ist und daß es gut so für uns ist. Sobald wir in dieser Materie verkörpert sind, werden wir an der Hand genommen und geführt. Die Führung ist gut und sicher für uns. Doch wie Kinder meinen wir, unseren eigenen Weg finden zu wollen und reißen uns von der Hand los. Wir suchen dann unseren eigenen Weg, und der ist schwieriger und dorniger, als wenn wir an der Hand geblieben wären. Doch auch diese Erfahrung ist wichtig und notwendig für uns. Auch oder gerade dadurch kommen wir weiter und können dann von uns aus wieder zu der führenden, schützenden Hand zurückkehren. Wir wissen dann ganz tief in unserem Herzen von der Macht, die hinter uns steht und uns leitet. Haben wir das erst einmal erkannt, dann sind wir wieder auf dem Weg nach Hause. Dann kehrt in unser Herz eine Ruhe und ein Frieden ein, den wir vorher nicht

kannten. Alles – was auch immer passiert – ist dann gut.
So wird es jedem Menschen irgendeines Tages ergehen. Die Entscheidung, wann es so weit ist, hängt nur von ihm selbst ab. Jeder Mensch entscheidet sich selbst, ob er glücklich sein will, traurig oder verzweifelt. Er selbst schafft sich dann auch die Umstände dazu, um genau dieses Gefühl haben zu können, das er für seine Weiterentwicklung benötigt. Daraus können wir erkennen, daß wir auch Kummer, Not und Traurigkeit für unsere Entwicklung brauchen. Deshalb erschaffen wir sie uns auch. Sie sind sozusagen die Wegweiser, die wir uns immer wieder anschauen, um uns daran zu orientieren und dann wieder weiter zu gehen, aber vielleicht in eine andere Richtung. Langsam kommen wir dann alle zu unserem ganz persönlichen Ziel. Unmerklich und unendlich langsam ist so unsere Reise durch die Jahrhun-

derte. Doch irgendwann kommen wir alle an. Wir sind dann aber nicht mehr die Gleichen, als die wir aufgebrochen sind Doch dieser Verwandlungsprozeß war auch der Sinn unseres Weges, zu dem wir uns aufgemacht haben.

Haben wir die Hand, die uns führt, erstmals wieder gefunden und können uns dieser Führung anvertrauen, dann geht die Reise schon viel schneller und leichter. Der größte und schwerste Teil des Weges liegt dann hinter uns. Wir wissen dann, wohin die Reise geht. Zu uns selbst und damit zu dem Göttlichen in uns. Denn wir alle sind kleinste Zellen von Gott oder dem Göttlichen. Wir alle schaffen das Göttliche. Gott ist nichts ohne uns und wir sind nichts ohne ihn. Deshalb sind wir auch alle gleich. Aus diesem Grunde erkennen wir auch immer Gott und damit uns selbst in jedem anderen.

Dies bedeutet auch: »Liebe deinen Nächsten wie dich selbst.« Du bist dein Nächster – und indem du dich liebst, liebst du ihn und umgekehrt. Das Gleiche sagt auch das Wort: »Was du für einen anderen tust, tust du für dich selbst.« Es ist immer das Gleiche, und das zu erkennen und hier auf der Erde in der Materie zu verwirklichen, dafür sind wir da.

Jede Reise beginnt mit dem ersten Schritt.
Kein Schritt auf diesem Weg ist überflüssig.
Unser eigenes Ziel werden wir
immer erreichen.

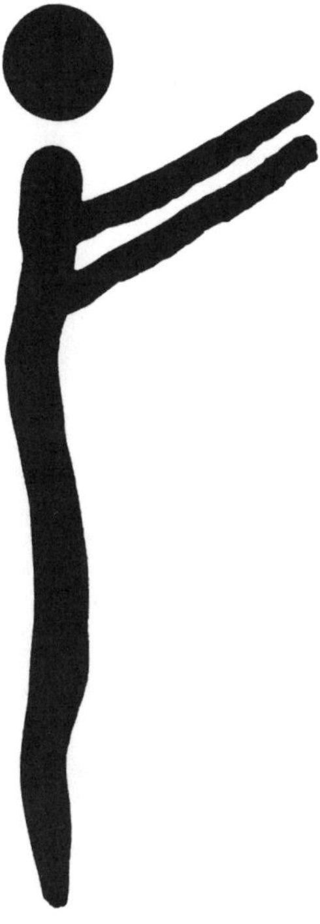

Vom Dienen

Es ist eine Gnade, dienen zu dürfen. Nur wenn wir in der Gnade des Höchsten und des Einen, der die Energie allen Lebens und des Kosmos darstellt, stehen, dürfen wir dem anderen wirklich dienen. Man wird dankbar dafür, diese Gnade zu erfahren und nimmt deshalb diesen Dienst mit Dankbarkeit und Freude auf sich.

Auch die schwerste Aufgabe erfüllt man mit Freude, denn man weiß tief in seinem Herzen, daß es eine wirkliche Gnade bedeutet, daß man mit dieser Aufgabe des Dienens betraut wurde. Zögern, Unmut oder Unwillen mit der gestellten Aufgabe gibt es nicht, denn man weiß tief in seinem Inneren, daß dies die höchste Gnade bedeutet, daß man dienen darf.

Den meisten Menschen ist dies nicht bewußt. Sie stöhnen und leiden unter ihrer Aufgabe, ohne daß sie die Gnade erkennen können. Doch wer die Gnade erkennt, erfüllt mit Freude und Hingebung seinen Dienst. Und so will es die göttliche Natur in uns. Dem anderen dienen, ohne nach dem Sinn und dem Nutzen für uns zu fragen. Unser Verstand möchte dies nicht wahrhaben und fragt immer, welchen Nutzen wir selbst daraus ziehen. Doch wir sollen nicht nur unsere persönlichen Wünsche, unser Ego befriedigen. Es muß alles einem höheren Ziel dienen. Nur dann erfüllen wir eine höhere Aufgabe. Um das zu lernen, sind wir auf der Erde in der Materie verkörpert.

Nun sind wir ja vielleicht gerne bereit, eine große, tolle Aufgabe zu vollbringen. Aber wir sollten nur ganz einfach immer das tun, was im Moment gerade von uns gefordert wird. In diesem Augenblick ist gerade das für uns als Aufgabe bestimmt. Das kann etwas ganz Kleines und Unbedeutendes sein. Doch wir müssen auch das Kleinste gut und mit Freude erfüllen. Dadurch erweisen wir uns der Gnade des Dienens würdig.

Auch wenn wir dies im Augenblick nicht erkennen können: Keine Tat im Weltgeschehen ist umsonst. Keine Tat wird dereinst vergessen, auch wenn sie für uns noch so unscheinbar ist. Wir dürfen diese Tat jedoch nicht für unser eigenes Weiterkommen vollbringen, sondern nur ganz einfach, weil sie vor uns steht.

Wenn diese Aufgabe nun darin besteht, jeden Tag Geschirr zu spülen oder sauber zu machen, dann ist eben das unsere Aufgabe. Kein Mensch wird uns dafür loben. Doch wir haben unsere Aufgabe erfüllt, und das allein zählt. Nicht was unsere Umgebung dazu meint. Ob wir dafür gelobt werden oder verdammt, es

spielt keine Rolle. Wenn wir mit dieser Haltung unser Leben verbringen werden, finden wir eine tiefe Befriedigung und damit auch tiefes Glück im Dasein.
Eine Aufgabe, die uns aufgebürdet wird, kann deshalb auch nie zu groß oder zu schwer für uns sein. Kein Mensch bekommt mehr zu tragen als er tragen kann. Er wird aber mit Sicherheit an seiner Last wachsen.

Lieben heißt dienen –
Für den anderen da sein.
So einfach und doch so schwer.

Verstand und Bewußtsein

Wir besitzen zwei Gehirnhälften, die rechte und die linke. Die linke Gehirnhälfte, die unsere Intelligenz darstellt und in der unser trainiertes Wissen gespeichert ist, ist nicht in der Lage, räumlich zu sehen. Das heißt wir können nach Ausfall der linken Gehirnhälfte den Raum nicht mehr erkennen. Das können wir offensichtlich nur mit der rechten Gehirnhälfte. Sie ist für unser Gefühl, unsere Wahrnehmung, unsere Intuition verantwortlich.

Wenn wir also durch Meditation und andere Übungen, vor allem spiritueller Art, unsere rechte Gehirnhälfte entwickeln, werden wir mehr und mehr in die Lage versetzt, räumlich zu sehen. Erst dadurch können wir die Grenzen dieser Räumlich-

keit erkennen und dann auch überschreiten. Denn in Wahrheit gibt es keine Zeit und keinen Raum.
Dies bedeutet jedoch nicht, daß alles nur so linear ist, wie es uns unsere linke Gehirnhälfte gerne weismachen möchte. Die lineare Wahrnehmung ist eine Begrenzung unseres Gehirns. Dazu gehört auch die Zeit, die in unserer Wahrnehmung linear vom Jetzt in die Zukunft oder in die Vergangenheit verläuft. Eine räumliche Zeit können wir uns gar nicht vorstellen. Denn ein Raum hat immer drei Dimensionen. Also gibt es für uns nur den Raum in seinen drei Dimensionen als Würfel, Kubus etc. Aber auch das ist eine Täuschung und Begrenzung durch unsere Sinne, die in der linken Gehirnhälfte ankommen, gespeichert und verarbeitet werden. Nur die rechte Seite unseres Gehirnes könnte über diese Begrenzung hinausgehen. Doch die rechte Seite wird

von der linken, verstandesmäßigen Seite kontrolliert. Das muß auch so sein, da uns nur die linke Gehirnhälfte dazu verhilft, hier auf dieser Erde in der Materie in Zeit und Raum gefangen zu leben. Nur mit der rechten Seite könnten wir das nicht. Doch wenn es uns gelingt, die rechte Hälfte mehr zu schulen, so daß sie gleich stark wird wie die linke, können wir einen gewaltigen Schritt machen und die Welt so sehen, wie sie wirklich ist.

Doch wie ist die Welt wirklich? Zeit- und raumlos, ohne Materie, nur in unserem Bewußtsein existierend. Nur aus Gefühlen bestehend – die jedoch keine Emotionen sind. Transzendental, durchsichtig. Energien, die sich gegenseitig durchweben. Eine Landschaft aus Licht und Tönen, durchdrungen von einem einzigen Gefühl der Liebe. Ein für uns unvorstellbares Bild. Aber auch das Bild ist schon wieder ein Hilfsmittel, eine Übersetzung,

um es unserem Verstand zu erläutern. Denn das andere ist zu groß, zu gewaltig für uns, um es wahrzunehmen.
Und doch muß die Materie sein! Denn nur in der Materie, gebunden an Zeit und Raum, können wir lernen. Außerhalb dieser Begrenzung geht das nicht. Wir können nur in der Materie Bewußtsein entwickeln. Es ist fast paradox. Wir haben außerhalb von Zeit und Raum nichts als unser Bewußtsein. Und doch muß in Zeit und Raum unser Bewußtsein und unser Gefühl entwickelt werden. Denn das Gefühl ist außerhalb von Zeit und Raum total erfüllend. Aber es ist, da universell, sinnlos. Denn in diesem nicht materiellen Zustand gibt es keinen Sinn und keinen Zweck. Das bedeutet: Erst in der Materie erhält das Gefühl einen Sinn. Allerdings ist das Gefühl nicht dazu da, um einen Zweck zu erfüllen. Was wir wiederum gerne tun. Doch der Weg unserer

Entwicklung geht dahin, daß das Gefühl auch hier in der Materie einfach allumfassend werden muß, alles einschließen muß und dann auch die Materie transformieren kann. So einfach ist das !
In unserer linken Gehirnhälfte ist die Traurigkeit, die Depression, die Angst und der Wille, die Durchsetzungskraft lokalisiert. So lange also in unserer Kultur nur die linke Gehirnhälfte trainiert wird, können wir zwar sehr gut in der materiellen Welt überleben, aber wir können nicht leben im wahren Sinn des Wortes – nämlich einfach sein. Dies können wir erst bei der Entwicklung der rechten Gehirnhälfte, in der die Vorstellungskraft, die Liebe, die Intuition, die Freude, das Mitgefühl und der Glaube lokalisiert sind.
Bei einer Dominanz der rechten Gehirnhälfte wäre das Leben total anders; doch wir wären nicht überlebensfähig. Wir wären nicht mehr in der Lage, unsere Emo-

tionen durchzusetzen, und der Wille, etwas auszuführen, würde fehlen. Deshalb sollte unser Bestreben dahin gehen, möglichst beide Gehirnhälften gleichwertig zu trainieren. Dazu würde es gehören, daß Kinder schon sehr früh mit Meditationen oder mit künstlerischen Betätigungen anfangen. Dies ist die beste Schulung für die rechte Gehirnhälfte. So zu sagen das Einmaleins. Doch leider war über viele Jahrhunderte hinweg das Wissen und die Bereitschaft dazu nicht vorhanden. Vielleicht mußten wir auch erst eine bestimmte intelligenzmäßige Entwicklung durchmachen, ehe wir uns nun der gefühlsmäßigen Entwicklung zuwenden können.

Es ist interessant zu sehen, daß in den letzten Jahren jedoch bei unserer Jugend eine deutliche Aktivierung der rechten Gehirnhälfte erfolgt. Oftmals zunächst durch Drogen, später durch Musik, durch sportliche Aktivitäten wie Joggen etc.

kommt es zu einer weiteren Entwicklung der rechten Seite. Unbemerkt von der älteren Generation findet hier eine Evolution des Bewußtseins statt.

Der Schein trügt.
Alles sind nur Illusionen,
die wir uns machen.
Die Wahrheit steht hinter uns,
doch wir können sie nicht erkennen.
Dreh dich um –
und du siehst die Wahrheit.
Bist du dann glücklicher ?

Warum gibt es Krankheiten?

Bevor wir uns entscheiden, auf die Erde zu kommen, ziehen wir aus den verschiedenen Ebenen des Kosmos unsere Schwingungen oder Schichten zusammen, die nachher unser Sein ausmachen werden. Da wir uns in diesem frühen Prozeß der Entstehung auch entschließen, welchen Lernprozeß wir diesmal durchmachen wollen, wobei wir unter Umständen bestimmte Krankheiten und Probleme brauchen, ziehen wir diese aus den verschiedenen Ebenen zu uns heran. Sie erscheinen dann als Wirbelbildungen in den Energiefeldern. Diese Wirbelbildungen können auch wie Flecken wirken. Dabei ist es so, daß verschiedene Ebenen für verschiedenen Organe verantwortlich sind. Diesen verschiedenen Ebenen entsprechen auch verschiedene Farben. Jede Farbschicht entspricht ebenfalls einem bestimmten Organ. Entsteht also in einer bestimmten Farbschichtenebene eine Wirbelbildung, dann wird später ein bestimmtes Organ betroffen sein. Die blaue Farbschicht betrifft das Herz, die rote die Gefäße, die gelbe das Lymph- und Nervensystem, die grüne das Verdauungssystem. Eine Wirbelbildung in der grünen Schicht wird also später die Möglichkeit einer Erkrankung des Verdauungstraktes bewirken.

Mit dieser Entscheidung und »Vorbildung«, das heißt Möglichkeit, bestimmte Krankheiten zu bekommen, werden wir dann geboren.

Die Seelen, die sich entschieden haben, nur kurz auf der Erde zu sein, um nur im Leben eines anderen Menschen etwas zu bewirken, werden also mit massiven Wirbelbildungen in ihren Energieschichten

geboren. Aus reiner Liebe für die anderen haben sie sich für ihr Schicksal entschieden.
Doch normalerweise beginnen wir dann unser Leben und werden, durch den Geburtsvorgang unbewußt geworden, in die vielen Verstrickungen des Lebens eingeknüpft. Das Bild unseres Lebens fängt langsam an zu entstehen. Nun ist es an einem bestimmten Punkt nötig, daß wir etwas lernen sollten, weil sonst unser Lebensbild falsch gewebt würde. Jetzt beginnen die Wirbelbildungen in unseren Energiefeldern stärker zu werden und sich dadurch als Störungen auszuwirken. Diese Störung in unserem Energiefeld wirkt sich auf den Körper als eine unbestimmten Angst aus. Diese Angst wiederum bewirkt, daß in unserem Körper das Gleichgewicht, die Harmonie der Zellen, in ihrem Auf- und Abbau gestört wird. Es kommt entweder zu einem Überwiegen

des Abbaus und dadurch zu Ausfallerscheinungen und Erkrankungen eines Organs, oder aber zu einem Überwiegen des Aufbaus und dadurch zu Tumoren. Krebs ist also eine deutliche Störung im Aufbau von Zellen. Aids dagegen ist eine Erkrankung, bei der der Abbau überwiegt.

Nun sind damit die Voraussetzungen geschaffen, daß die Krankheit sich organisch manifestieren kann. Erkennt das Lebewesen diese Zeichen, so kann durch eine Änderung der Einstellung zum Leben und zu manchen Problemen die Krankheit überflüssig werden. Dann tritt wieder die Harmonie im Auf- und Abbau der Zellen ein. Das sind die so genannten Spontanheilungen.

Sehende und fühlende Heiler können in diesem Stadium die Wirbelbildungen spüren und eventuell einen Ausgleich schaffen, noch bevor die Krankheit ausgebrochen ist. Dies erklärt auch das Phänomen, daß Heiler zum Beispiel in der Leber etwas sehen oder fühlen, ohne daß der Betroffene zu diesem Moment bereits leberkrank ist. Und doch wird durch das Eingreifen des Heilers die Erkrankung verhindert. Aber auch nur, wenn durch die Änderung der Lebenshaltung des Menschen diese Erkrankung nicht mehr nötig ist.

Erst wenn die Erkrankung im Körper des Menschen manifest geworden ist und ihren Zweck erfüllt hat, kann der normale Arzt sie heilen. Hat das Lebewesen den Sinn der Erkrankung nicht verstanden, sind auch die Bemühungen des Arztes vergeblich, und er kann nicht helfen. Der Arzt ist also genau wie der Heiler nur ein Jnstrument, das etwas bewirken kann, wenn dadurch das gesamte Lebensbild wie vorgenommen richtig gezeichnet werden kann. Das sollte alle Ärzte sehr bescheiden und demütig machen. Allerdings können Ärzte nie auf die Angst, die dann die Auswirkung der Energiewirbel auf den Körper möglich macht, einwirken. Sie wirken nur auf die Manifestation im Körper. Der Heiler dagegen kann nur begrenzt auf die Erkrankung im Körper einwirken, dagegen jedoch auf die Angst. Deshalb ist der Erkrankte auch zu ihm gekommen.

Dann gibt es noch als Letztes die Möglichkeit, daß »göttliche Energie«, die höchste Energie des Kosmos, mit ihrer Schwingung auf den Kranken einwirkt und ihn heilt. Diese göttliche Energie kann der Kranke durch Glauben und Bitten entweder selbst herbeiziehen – dies sind dann die Wunderheilungen von Wallfahrtsorten und durch Gebete. Oder sie kann durch gläubige Menschen, die sich der göttlichen Energie öffnen und in bedingungsloser Liebe bereit sind, als Kanal für diese Energie zu dienen, diese zu dem Kranken lenken. Das ist die Wirkungsweise von Gesundbetern oder der Übertragung von Reiki. Wobei auch hier die geleitete Energie nur wirken kann, wenn der Kranke seinen Lernprozeß erreicht hat beziehungsweise durch die Heilung erreichen wird.

Was auch immer Heiler oder Ärzte tun, ob Erfolg oder Mißerfolg – es muß immer dem Sinn entsprechen, mit dem das Wesen auf die Erde gekommen ist. Denn jeder Mensch muß seinen Lernprozeß erfüllen, unter dem er hier angetreten ist. Jeder hat sich selbst dafür entschieden. Wir alle sind nur Werkzeuge, die den Sinn unseres Lebens, den wir nicht kennen, während wir hier sind, erfüllen müssen. Der Hochmut, mit dem sich viele Menschen, die im Heilwesen beschäftigt sind, schmücken, ist also wahrlich nicht angebracht. Im Gegenteil: Demütig, beschei-

den und dankbar wird man, wenn man seine Rolle in dem Spiel des Lebens erkennt.
Es ist alles vorher bestimmt, und doch haben wir die freie Entscheidung darüber, wie alles sein wird. Es ist alles ewig und doch gleichzeitig jetzt. Es ist alles unendlich und doch nichts. Es ist alles vergänglich und doch vergeht nichts.
Alles hat seinen Sinn! Nur können wir ihn nicht erkennen.

Krankheit ist nur
die Abwesenheit von Gesundheit.
Das Böse ist nur
die Abwesenheit des Guten.
Der Schatten ist nur
die Abwesenheit des Lichtes.

Über das Licht

Licht besteht aus drei Grundfarben. Blau, rot und gelb. Daraus können alle Farben entstehen. Auch in weißem Licht sind die drei Grundfarben enthalten. So ist auch in strahlend weißem Licht noch das Dunkle und alle seine Schattierungen enthalten.

Auch in der Liebe hier auf Erden sind immer noch alle Schattierungen enthalten. Die reine Liebe kann hier nicht existieren. Es ist nur eine Frage der Mischung, was überwiegt.

Diese Erkenntnis kann und soll uns helfen, nichts als absolut zu betrachten. Wir haben in uns selbst auch immer die dunklen Seiten. Auch wenn wir sie nicht sehen wollen. Doch dann hält uns der andere in seinem Da-Sein einen Spiegel vor, in dem wir uns und unsere Schattenseite erkennen können – wenn wir offen und einsichtig sind und lernen wollen. Ohne daß der andere dies weiß, tut er es aus Liebe – damit wir lernen können und weiter kommen. Mit dieser Liebe kommt er selbst aber ebenfalls weiter in seiner spirituellen Entwicklung. Gleichzeitig sind aber auch wir immer ein Spiegel, in dem der andere sich erkennen kann.

Das und nichts anderes besagt das Orakel von Delphi: »Mensch, erkenne dich selbst!«

Wie schwer ist es, für uns selbst die Verantwortung zu übernehmen! Nicht mehr sagen zu können, der andere sei schuld, er sei böse und schlecht. Die Eltern, die Familie, die Frau, der Mann, der Chef, die Umstände seien schuld an unserem Verhalten, unserem Unglück. Nein, wir selbst haben uns dieses Leben, diese Freunde, diese Familie etc. ausgesucht, um etwas zu lernen, um weiter zu kommen. Gleichzeitig helfen wir durch unser Da-Sein auch wieder dem anderen auf seinem Weg, bei seiner Entwicklung, weiter. Wir sind immer Lehrer und Lernender, Führer und Geführte. Und wir sind nie am Ende. Denn es gibt in Wahrheit keinen Anfang und kein Ende. Das bedeutet das Alpha und Omega, das A und O im Kreislauf des Lebens.

Das Männliche und das Weibliche, Tag und Nacht, Gut und Böse, alle Gegensätze existieren nicht, da sie alle ineinander enthalten sind. Wie die drei Grundfarben im weißen Licht.

Es ist so einfach:
Haß endet nicht durch Haß, sondern nur durch Liebe.
Nur die Morgendämmerung kann die Nacht vertreiben.

Unser Wille

Unser Wille allein verändert die Welt. Durch unseren Willen wird unser Bewußtsein verändert. Durch unser Bewußtsein wird die Schwingung der Energie um uns verändert – sie wird entweder angehoben und harmonisiert oder herabgedrückt und schwer. Durch diese herabgesetzte energetische Schwingung wird dann das Bewußtsein des anderen und das kosmische Bewußtsein verändert. Dadurch wird letztendlich die Veränderung in die Materie gebracht und auch die Materie verändert.

Wenn ich also etwas von ganzem Herzen will und mich mit meinem ganzen Bewußtsein darauf konzentriere, dann teile ich dies der Energie um mich herum mit, die dann die Umstände dafür schaffen wird, daß der Wunsch in Erfüllung gehen kann. Es sei denn, es wäre nicht gut für mich, oder der richtige Zeitpunkt dafür wäre noch nicht da. Oft können wir das in diesem Moment nicht erkennen. Vielleicht müssen wir noch einen bestimmten Lernprozeß durchmachen. Dann wird von einer höheren Ebene entschieden, daß die Erfüllung des Wunschs für mich oder für einen anderen Menschen nicht gut ist. Mit Ausdauer, Beharrlichkeit und Konzentration kann dann aber doch noch etwas verändert werden.

Hier in der Materie brauchen wir vom Zeitpunkt der Geburt an unseren Willen, um zu überleben. Wir wollen Nahrung und brauchen sie natürlich auch. Wir wollen unsere Bedürfnisse nach Kleidung erfüllen, da wir sonst frieren würden. Dann wollen wir Liebe und Zärtlichkeit. Das macht uns zu sozialen Geschöpfen. Wir wollen etwas lernen. Deshalb gehen wir in die Schule. Wir wollen arbeiten, um unseren Lebensunterhalt zu verdienen. Jeder, der einmal arbeitslos war, weiß, wie glücklich man sich schätzen darf, Arbeit zu haben! Wir wollen eine Familie gründen, deshalb brauchen wir eine Wohnung oder bauen ein Haus. Dann wollen wir für unsere Kinder das Beste. Deshalb wollen wir Geld, um uns alle Wünsche zu erfüllen. Dann wollen wir Macht, damit die anderen das tun, was wir wollen. Wir wollen Gesundheit, wir wollen ein sorgenfreies Alter, wir wollen nicht sterben.

Unser ganzes Leben ist von unserem Wollen und unserem Willen erfüllt. Das ist auch notwendig. Doch plötzlich müssen wir zu irgendeinem Zeitpunkt in unserem Leben erkennen, daß nicht alle unsere Wünsche erfüllt werden. Wenn unser Wille nämlich mit dem eines anderen Menschen in Kollision gerät. Der andere will nicht das, was ich will. Er will mir nicht geben, was ich möchte. Dann sind wir frustriert. Nun können wir entweder versuchen, mit aller Macht und Gewalt unseren Willen durchzusetzen – dann werden wir jedoch in einen Spannungszustand mit dem anderen geraten. Wahrhaft glücklich sind wir dabei auch nicht mehr. Oder wir müssen dem anderen nachgeben und auf unseren Wunsch verzichten. Auch dann sind wir nicht glücklich.

Was immer es sein mag, durch das Durchsetzen unseres Willens wird unser Glück nicht erreicht. Im Gegenteil: Das, was wir zum Überleben in der Materie brauchen, verhindert zum großen Teil unser wahres Glücklichsein. Es bedarf eines langen Lernprozesses, dies zu erkennen. Erst wenn unsere Bewußtheit in diesem Leben so weit gekommen ist, daß wir dies erkennen können, werden wir beginnen, unseren Willen wieder aufzugeben. Mit der Aufgabe unserer Wünsche erwerben wir jedoch erst die Möglichkeit, wahrhaft glücklich zu werden. Das Glück in uns ist durch unseren Willen nicht zu erreichen. Und doch wollen wir nur glücklich sein. So lange wir leben wollen, glücklich sein wollen, lieben wollen, werden wir alles nicht sein. Erst wenn wir nicht mehr wollen, sondern nur noch leben, lieben, sind wir auch einfach glücklich.

Das höchste Ziel in diesem Leben:
nur noch sein und nicht mehr wollen!

Von der
Entwicklung des Bewußtseins

Wenn wir in unsere materielle Form geboren werden, ist unser Bewußtsein noch grenzenlos, all-umfassend. Man stelle sich einen Baum vor, der mit der ganzen Umgebung nicht nur verwurzelt, sondern auch verbunden ist. Aus der Luft, aus der Erde, aus dem Wasser holt er seine Nahrung und assimiliert sie. Das heißt er transformiert die aufgenommenen Grundstoffe. Ohne diese Transformation der Energie könnten wir anderen Lebewesen auf der Erde nicht leben.

Der Baum hat nun nie das Gefühl, ich bin der Baum und du bist der Mensch. Er hat auch sicher nicht das Gefühl, ich tue etwas für dich. Er ist einfach da – für sich und damit für alle anderen. Dadurch steht der Baum in Harmonie mit sich und mit der Umwelt. Für ihn gibt es keine Grenzen. Das ist grenzenloses Bewußtsein. Schon während der Geburt beginnt die Einengung unseres Bewußtseins durch die Bedürfnisse der materiellen Welt. Das Bedürfnis nach Luft trennt uns mit dem ersten Atemzug von dem allumfassenden Bewußtsein. Wir werden mit diesem ersten Atemzug nicht nur von der Einheit mit unserer Mutter getrennt, sondern von der Einheit mit allem. Dann schränken uns unsere weiteren Bedürfnisse nach Wasser, Nahrung, Sicherheit und Wärme weiter ein. Unser grenzenloses Bewußtsein wird aufgespalten durch die Notwendigkeit der materiellen Welt. Die oberen Ebenen rücken in weite Fernen. Nur das hier und jetzt, die Notwendigkeit, unsere physischen Bedürfnisse zu erfüllen, bleibt. Zur Befriedigung unserer Bedürfnisse werden nun bestimmte Regeln aufgestellt.

Es gibt Gebote und Verbote. Dies ist mit der Geschichte vom Paradies und dem ersten Gebot: »Eßt nicht vom Baum der Erkenntnis« gemeint.
Nach der Geburt sind wir völlig von unserer Mutter abhängig. Sie ist die Verkörperung der ersten Form von Liebe, die wir kennenlernen. Sie übermittelt uns: Ich gebe dir Nahrung. Deshalb lieben wir sie. Wir lernen, daß sie unsere Bedürfnisse erfüllt, wenn wir ihre Bedürfnisse erfüllen. So lernen wir zu lächeln oder zu schreien. Damit wird eine Bedingung in die Liebe gepflanzt. Sie ist nun nicht mehr bedingungslos, nicht mehr grenzenlos. Die Liebe hat einen Sinn und Zweck bekommen. Das Kind beginnt dann, mit seinem wachsenden Intellekt ein Programm aufzustellen, wie etwa ein Computer. Mit der Entwicklung dieses Programmes verliert das Kind mehr und mehr seine Unbefangenheit. Es ist aus der Einheit herausge-

rissen und in die Dualität der Welt geworfen worden. Wie Adam und Eva aus dem Paradies.

Wir erkennen zunächst unsere Mutter, dann andere Menschen und die Umgebung um uns herum. Wir lernen, Sachen, Menschen und Gegenstände zu benennen. Die Welt wird dann zu der Vorstellung und dem Namen, den wir ihr gegeben haben. »Ich habe dich bei deinem Namen gerufen, du bist mein!« Wir können die Welt und die Menschen nicht mehr sehen, wie sie sind, sondern nur noch so, wie wir das Bild genannt haben, das wir sehen.

Wir fangen also mit dem gesamten Wissen und dem Eins-Sein an und werden im Laufe unserer Entwicklung mehr und mehr eingeschränkt. Wir erkennen, daß wir von etwas sehr Großem umringt sind, davon aber nicht mehr Teil, sondern getrennt sind. Dadurch erleben wir uns als sehr klein und verletzlich. Die Angst in uns entsteht. Wir fühlen uns allein und entwickeln ein Gefühl der Verlorenheit. Wir sind nicht mehr Gott, sondern Gott ist außerhalb von uns.

Es gibt jetzt ein Ich und ein Du. Aus der Angst vor dem Du verlieren wir unser Vertrauen. Dadurch entsteht das Bedürfnis nach Macht und nach Kontrolle. Die meisten Menschen verbringen ihr ganzes Leben in dieser Getrenntheit und haben keine Erinnerung mehr an eine Einheit. Deshalb wird das Machtbedürfnis immer größer. Wir bauen unser Ego auf. Dieses Ego wird uns fortan beherrschen, ohne daß wir es überhaupt noch merken. Trotzdem ist das Gefühl des Alleinseins immer in uns – und damit auch die Sehnsucht nach einer Einheit.

Nur in einer Liebesbeziehung meinen wir, kurz dieses Gefühl der Einheit wiederfinden zu können. Deshalb suchen wir dann

Menschen, die unseren Hunger nach Einheit stillen. Wir sammeln Menschen und später Sachen um uns herum, die uns gehören. Mein Freund, mein Haus, meine Sachen etc. Je mehr mir gehört, desto mehr Macht habe ich. Geld wird dann ein ganz besonderer Ausdruck der Macht. Je mehr wir jedoch in diesem Rahmen sammeln, um Macht und Sicherheit zu gewinnen, desto unsicherer werden wir. Denn jetzt entsteht plötzlich die Angst in uns, wieder etwas zu verlieren. Schließlich wäre mit dem Verlust unserer schönen Sachen, unseres Geldes, auch unsere Macht hinfällig. Unsere Sicherheit wäre dann ja auch weg. Die Angst um unsere Sicherheit wird nun dominierend und bestimmt unser Leben. So wird eine Angst nach der anderen um den Verlust von irgend etwas aufgebaut, bis plötzlich in unser Bewußtsein die Angst um den Verlust unseres Lebens tritt. Das ist ja nach dem Verlust der Gesundheit das Schlimmste, was uns geschehen kann. Die Todesangst ist entstanden. All diese Ängste beherrschen nun unser Leben, und wir sind nicht mehr frei.

Durch den Verlust eines Menschen, sei es durch Tod, Scheidung oder Trennung, durch ein tragisches Ereignis in unserem Leben können wir aus unserem gewohnten Alltagsdenken herausgerissen werden. Die große Frage »Warum?« steht plötzlich vor uns und zwingt uns, uns mit uns selbst und unserer Umwelt anders zu beschäftigen. Unsere gewohnte Struktur, unsere Umgebung, unser Bild von der Welt stimmt nicht mehr. Es hat einen Riß bekommen. Das ist immer der erste Moment der Bewußtwerdung. Denn durch diesen kleinen Riß kann ein kleiner Lichtstrahl eindringen. Doch wir müssen durch das Dunkle,

das sich wie eine Glocke über uns stülpt, immer hindurchgehen, um am anderen Ende des Tunnels das Licht zu erkennen.
Bei verschiedenen Menschen geschieht die Bewußtwerdung auf verschiedenen Wegen. Doch es steht ein großes Gesetz dahinter.
Manche Menschen können auch durch die intensive Erfahrung der Liebe zu einem anderen Bewußtsein gelangen. Wir kennen das aus der totalen Hingebung von Mystikern und Gläubigen. Wir wissen aber auch, daß diese Menschen vorher ebenfalls durch die tiefste Nacht wandern mußten und allem Zweifel und Ängsten ausgesetzt waren, ehe sie Erleuchtung oder Erlösung fanden.
Auch Christus wurde die Nacht im Garten Gethsemane nicht erspart, ehe er seinen Weg zum Vater fand. Den Weg zum Vater, zu Gott, zu finden, bedeutet jedoch, die Einheit mit allem wieder zu erkennen.

Das Göttliche und ich, der Mensch, das Lebewesen – wir sind nicht getrennt voneinander. Wir waren immer eins. Nur können wir es mit unserem Verstand nicht erkennen.
Bewußtwerdung bedeutet die Ausdehnung unseres Verstandes, um diese Einheit wieder zu finden. Dann sind wir von dieser Welt und doch nicht mehr in dieser Welt. Dann erkennen wir das Spiel des Lebens als solches, nehmen daran teil und sind doch nicht mehr darin verwickelt. Unsere Ängste, und vor allem unsere Todesangst, ist geschwunden. Wovor sollen wir auch Angst haben? Wir sind immer da und werden immer da sein. Nichts kann von irgend etwas getrennt sein. So einfach ist das.

Nichts ist außerhalb von uns.
Alles ist in uns.
Darum können wir in uns auch die Welt erkennen.

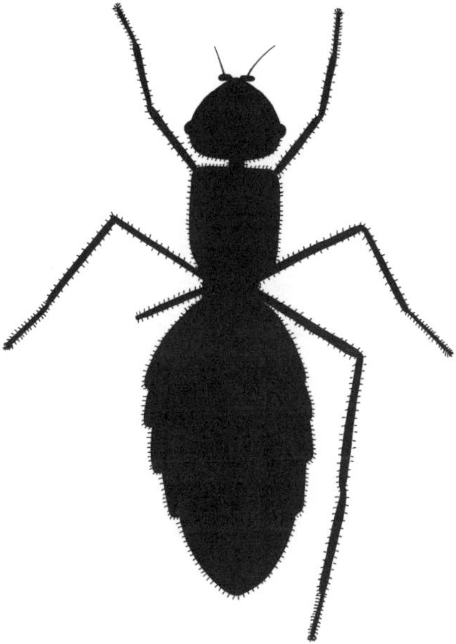

Über das Leiden

Auf der physischen und psychischen Ebene gibt es Leid. Wo immer man hinsieht, gibt es tiefes Leiden. Leid ist ein untrennbarer Teil des Lebens. Bei der Geburt müssen wir leiden, beim Sterben werden wir leiden, Krankheit ist Leid, Trennung ist Leid. Wir leiden, wenn wir nicht bekommen, was wir möchten. Wir leiden aber auch, wenn wir bekommen, was wir möchten, weil wir dann wieder Angst haben, es zu verlieren. Das heißt wieder von dem getrennt zu werden, was wir besitzen möchten.

Leid ist also immer Trennung oder Getrenntsein von irgend etwas. Unser Weg auf der spirituellen Reise oder unser Weg hier in der Welt ist geprägt von dem Wunsch, dem Leid zu entgehen.

Alles verändert sich in unserer Welt. So können wir, wenn wir gesund sind, krank werden, wenn wir verliebt sind, verlassen werden, oder umgekehrt. Alles ist im Fluß, nichts ist beständig. In dem Moment, wo wir etwas festhalten wollen, werden wir Leid an uns ziehen. Schon in dem Augenblick, in dem wir wollen, daß etwas so bleibt, wie es ist, werden wir leiden. Wir werden immer wieder den Schmerz der Trennung, der Veränderung erfahren. Folglich können wir dem Leid nur entgehen, wenn wir nichts wollen, nichts festhalten wollen, bereit sind, alles herzugeben. Eines Tages, wenn der Tod vor uns steht, müssen wir ohnehin alles hergeben. Warum also nicht gleich heute, jeden Tag damit anfangen? Was gehört uns denn? Nichts. Es ist uns alles nur geliehen, es darf sich für eine kurze Zeit in meinem Besitz befinden, in meiner Nähe. Dann wird es – vielleicht von mir geprägt, ver-

ändert – wieder weitergehen. Das gilt für Menschen, Kinder, Bücher, Sachen, für alles.
Mit dieser Einstellung, daß ich nur für kurze Zeit etwas besitzen und prägen darf, bin ich glücklich für diese kurze Zeit. Dann muß ich die Hände wieder öffnen, um alles weiterzugeben. Denn der Nächste, der es von mir empfängt, ist dann ebenfalls glücklich. Mir selbst wird aber wieder etwas Neues gegeben werden. Ich bin nur ein Glied in einer Kette. So muß alles durch dieses kleine Glied weitergegeben werden, damit die Kette erhalten bleibt. Mit dieser Einstellung wird Besitz belanglos. Wir brauchen so wenig zum Leben, und das gibt uns die Natur. Das Ansammeln von Besitz, Menschen, Geld etc. soll nur das eigene Ego stärken und die Macht verkörpern, die wir brauchen, um unsere Unsicherheit und unsere Angst zu verbergen.

Wie können wir nun dem Leid in der Welt begegnen? Wir müssen zwischen unserem Leid und dem der anderen unterscheiden. Die Antwort auf unser Leiden besteht im Aufgeben von allen Wünschen und Vorstellungen. Die Antwort auf das Leiden der anderen ist jedoch anders. Wir können keinen auffordern, unseren Weg zu gehen. Jeder muß seinen eigenen Weg erkennen und selbst gehen.

Wenn man das ungeheure Ausmaß von Leid in der Welt oder auch nur das kleine Leid in einem anderen Menschen sieht, entsteht in jedem von uns der Wunsch, dies zu ändern. Das ist auch gut so, denn damit beginnt unsere spirituelle Entwicklung. Doch wir müssen uns folgendes bewußt machen: Auch wenn wir noch so starke Schmerzen, Liebeskummer, Hunger usw. haben, im Schlaf ist alles vorbei. Auch im Traum empfinden wir Leid und Schmerz. Doch alles ist vorbei, wenn wir aufwachen.

Bei Todkranken wird im Moment des Sterbens das Leid und der Schmerz ausgelöscht. In dem Moment, wo wir im Verlauf des Sterbeprozesses auf eine andere Bewußtseinsebene wechseln, ist der Schmerz aufgehoben.
Dieses Beispiel zeigt, daß Leid nur eine Frage der Bewußtseinsebene ist. Wenn man dies erkannt hat, dann will man natürlich immer auf dieser Ebene bleiben, wo es kein Leid mehr gibt. Mit diesem Wunsch hat unser spiritueller Weg begonnen. Jetzt suchen wir nach Mitteln und Möglichkeiten, um in einen anderen Bewußtseinszustand zu kommen. Wir können nun Drogen nehmen, uns in Meditation versetzen oder uns ganz in das Göttliche versenken. So lernen wir, auf eine höhere Bewußtseinsebene zu kommen. Doch nach jedem Hoch müssen wir wieder herunter, und dann packt uns der Katzenjammer. Dann beginnt das Leid von Neuem.

So lange wir vor etwas fliehen, von uns stoßen, ablehnen, sind wir nicht frei. Doch erst wenn wir frei sind, können wir wahrlich glücklich sein. Der Wunsch, nicht zu leiden, wird uns also schon wieder Leid bringen. Wir müssen also eine andere Art und Weise finden, damit umzugehen.
Das Problem ist nun, daß Leid überall ist. In der Familie, bei Freunden, in der Gesellschaft, auf der ganzen Erde. Wir sind von Leid umgeben und können uns nicht davon abwenden. Wo wir auch immer stehen, wohin wir auch immer schauen, wir sehen Leid.
Wie kann ich das Leiden eines verhungernden Kindes verstehen? Wie kann ich die sinnlose Ermordung eines Menschen oder eines ganzen Volkes verstehen? Wie kann man mit einem solchen Wissen leben, und wie kann man damit umgehen? Wenn man ein Konzept von Gott in dieser Welt hat, wie kann er ein solches Leid, eine solche Ungerechtigkeit erlauben?

Auf der Ebene, auf der wir hier leben, existiert Leiden, und es besteht Verwirrung darüber. Es ist die Verwirrung unseres Verstandes, der das Leiden unerträglich macht. Wenn wir unser Bewußtsein auf eine andere Ebene ausdehnen, dann fangen wir an, die andere Bedeutung des Leides zu erkennen.

Schauen wir uns die Verbindung zur Natur an. Auch ein Baum, der ein Blatt verliert, leidet. Eine Blume, die abgerissen wird, leidet. Ein Tier, das getötet wird, leidet. Warum stirbt eine Fliege? Das ist genau so ungerecht wie der Tod eines Kindes. Nur unser Ego, unser Verstand, macht einen Unterschied zwischen einem Kind und einer Fliege. Ein Tier sei weniger wert als ein Mensch und eine Pflanze noch weniger, meinen wir. Doch woher nehmen wir die Überheblichkeit, uns, den Menschen, als höher, wertvoller oder besser einzuschätzen als ein anderes Lebe-

wesen? Sind wir vor Gott, im Kosmos nicht alle gleich? Jst nicht alles und jeder von Gott geschaffen?
Diese Einsicht verändert langsam unser Verständnis für das Leid. Es gibt auf der ganzen Welt, im gesamten Kosmos Entstehen und Vergehen. Dies bedeutet nur aus unserem Blickwinkel und für unsere Ebene Leid. Doch ohne das andauernde Sterben und Werden kann die Welt nicht existieren. Ohne Wellen kann es kein Meer geben, ohne Wolken keinen Regen – alles ist in Bewegung. Ohne Bewegung kein Leben. Selbst im kleinsten Teil eines Atoms ist Bewegung.
Zurück zur Rolle Gottes in diesem Spiel des Leides. Eltern, die ihrem Kind keine Süßigkeiten geben, schaffen für das Kind in diesem Moment Leid. Es bekommt nicht, was es gerne möchte. Doch trotzdem meinen es die Eltern gut mit ihrem Kind. Sie sind bereit, den Zorn und das Unver-

ständnis des Kindes auf sich zu nehmen, um ihm größeren Schaden zu ersparen. Genau so verfährt Gott mit uns. Nur können wir das im Augenblick nicht sehen, wir können das nicht verstehen.
Der Verstand ist das Größte, das wir Menschen anerkennen. Mit unserem Verstand können wir viele Probleme lösen. Wir können Menschen in den Weltraum schicken, wir können die kleinste Materie erkunden, wir können über uns nachdenken und wir können uns selbst in Frage stellen. Doch wir können mit unserem rationalen Verstand das Leid nicht erklären. Es ist nicht logisch. Wir werden hier mit einem Geheimnis des Lebens konfrontiert, genau wie mit dem Tod und der Geburt neuen Lebens. Es ist ein Geheimnis, ein Mysterium, für uns. Ein Geheimnis ist nun aber weder gut noch schlecht. Es ist eben ein Geheimnis.

Mit der Veränderung unseres Bewußtseins erkennen wir die Verbundenheit allen Lebens. Wenn ein einziges Blatt vom Baum fällt, wird das gesamte Universum erschüttert. Dadurch erkennen wir, daß Leid Teil eines universellen Zusammenhangs ist. Wenn man den Ausdruck des universellen Gesetzes erkennen kann – was wir nicht können –, dann würden wir auch die Schönheit und die Logik dieses Gesetzes erkennen. Alles ist perfekt. Denn alles ist von Gott geschaffen, und kann er etwas Nicht-perfektes erschaffen? Nur auf der menschlichen, gefühlsmäßigen Ebene ist Leiden sinnlos und schrecklich.

Dann gibt es noch eine weitere Ebene des Bewußtseins, auf der alle Formen in das Unmanifestierte übergehen. Wenn man nun bewußt auf diese Ebene geht, was wäre dann die Erfahrung des Leides?

Auf der menschlichen Ebene ist Leid

furchtbar. Auf der Ebene des Gesetzes ist es logisch und Perfektion. Leid dient als Lernprozeß und ist zur Entwicklung nötig. Auf der Ebene des reinen Bewußtseins ist alles aufgelöst, weil es nichts mehr gibt. Es gibt nur unser Bewußtsein, das göttliche Bewußtsein, das alles einschließt, alles weiß, und in dem alles eins und ewig ist.

Wie verändert nun die Erfahrung des Leides unsere Bewußtseinsebene?

Jemand kommt mit einem Schmerz, einem Kummer, zu uns. Wir empfinden Mitgefühl. Unser Herz schmerzt. Wir leiden mit dem anderen. Dadurch fühlt sich der andere angenommen. Sein Leid ist etwas kleiner geworden, da geteiltes Leid halbes Leid ist, wie ein Sprichwort sagt.

Auf einer anderen Bewußtseinsebene sind ich und der andere eins. Sein Leid ist mein Leid. Ich spüre den Schmerz im ganzen Körper. Wir leiden zusammen.

Wieder auf einer anderen Bewußtseinsebene erkenne ich die Ursache des Leides. Das Leid ist jetzt nicht mehr sinnlos, sondern liegt in der Person, die leidet, begründet. Sie hat sich selbst entschlossen, dieses Leid auf sich zu nehmen. Ich erkenne die Größe und die Liebe dieser Seele, dieses Wesens, das sich bereit erklärt hat, für meine, für seine Entwicklung zu leiden.

Nun können wir unser Bewußtsein noch mehr erweitern, und wir werden dann zu dem Raum, in dem das Leid besteht. Dieser Raum und damit das Leid wird so lange bestehen bleiben, wie es die Welt, die Erde, den Menschen, den Kosmos, so lange es Materie gibt. Erst wenn wir alle in das reine, in das göttliche Bewußtsein, in die reine Liebe zurückgekehrt sind, wird auch das Leid aufhören. Das Leid stellt jedoch einen Weg dar, Liebe zu lernen. Deshalb gibt es Leid.

Es liegt alles offen vor uns.
Denn es ist immer das Gleiche.
Wir können in jeder einzelnen Zelle den
Kosmos erkennen.
Wir können in jedem Samen unser Leben
erkennen.
Doch sehen wir nichts,
so lange wir
unsere Augen geschlossen halten.

In unserem Herzen können wir alles erkennen

Unser Herz ist das Tor zur intuitiven, kosmischen Weisheit. Wir denken meistens mit dem Kopf anstatt mit unserem Herzen. Doch unser Herz – oder auch unsere innere Stimme – würde uns alles sagen, was wichtig und richtig für uns ist. Wenn wir nur gelernt hätten oder lernen würden, auf unser Herz zu hören. Doch bei den meisten Menschen ist das Tor zum Herzen zugemauert worden, und die Botschaften können nicht mehr in die Welt gelangen. Nur wenige Menschen noch leben aus dem Herzen heraus. Diese Menschen können von Herzen geben und nicht nur mit den Händen oder mit dem Kopf in Form von guten Ratschlägen. Wir sprechen dann von Herzensgüte. Doch es scheint, als ob diese Form der Herzensweisheit bei »einfacheren« Menschen häufiger anzutreffen ist als bei sogenannten »Gebildeten«. Wahrscheinlich schließt das Training des Verstandes die Tür zum Herzen zu.

Eine Möglichkeit, daß das Herz geöffnet wird, besteht in einer tiefen, wahren, menschlichen Liebe. Dazu wurde uns auch die Möglichkeit der Liebe zu einem Menschen gegeben. Jeder weiß, wie einem das Herz aufgeht, wenn wir frisch, oder besser gesagt: tief verliebt sind. Jeder weiß auch, wie es sich in seinem Herzen anfühlt, wenn er ein kleines Baby oder ein junges, hilfloses Tier sieht. Es wird einem warm ums Herz. Auch wenn wir uns voll Liebe und Mitgefühl einem Kranken, Leidenden oder Sterbenden zuwenden, öffnet sich unser Herz. In solchen Momenten, wo unser Herz auf ist, sind wir nicht in der Lage, ein böses Wort zu sagen, oder etwas Schlechtes zu tun. Dann regiert nur die Liebe. So sollte es immer sein. Doch leider ist es nicht so. Unser Herz geht wieder zu, und der Verstand beherrscht uns und damit unsere Wünsche und unser Verlangen. Erst im Alter oder im Prozeß des Sterbens, wenn der Verstand altersmäßig nachläßt, kommt das Herz unter Umständen wieder stärker zum Vorschein. Deshalb sind alte Menschen oft voll Liebe und Güte. Dies können wir beispielsweise auch bei Geistesgestörten oder mongoloiden Kindern finden. Sie sind voll Liebe, weil der Verstand sie nicht kontrolliert. Indem sie soviel Liebe geben, sind sie oft auch der Liebling der ganzen Familie. Durch ihr Geben von Liebe öffnen sie bei anderen das Herz Dies ist auch der Grund, warum im Prozeß des Sterbens soviel Liebe zwischen dem Betreuer und dem Sterbenden entsteht. Oft die erste Liebe, die der Sterbende zu geben lernt. Es ist leider traurig, aber wahr, daß erst im Laufe des Sterbevorgangs, wenn der Verstand erlischt, das Herz sich öffnet. Dies entzündet dann im Herzen des anderen ebenfalls eine tiefe Liebe. Dadurch entsteht diese tiefe Beziehung zwischen einem Sterbenden und seinem Begleiter. Jeder Mensch wird dankbar für dieses Geschenk, das der Scheidende ihm macht. Er wird dadurch bereichert, und die Erinnerung an den anderen wird wertvoll und kostbar für sein ganzes weiteres Leben.

Es gab früher Zeiten, wo die Botschaften des Herzens aufgenommen werden konnten. Es gab damals weitaus weniger Ängste. Auch die Todesangst, die heute vorherrscht, war geringer. Doch wenn man vor dem Tod Angst hat, kann man auch nicht leben. Man hat dann auch vor dem Leben Angst. Viele Menschen heute haben Angst vor dem Allein-Sein, vor

Krankheit, Armut, Diebstahl, vor Menschen, vor Höhe und noch vielem mehr. Wenn ich aber Angst habe, muß ich mich schützen. Jch baue Mauern um mich herum auf. Mit diesen Mauern baue ich aber auch mein Herz zu. Jetzt kann mich keiner mehr verletzen. Doch es kann auch keiner mehr zu mir kommen. Es wird dann genau das eintreten, vor dem ich Angst hatte. Jch bin allein oder arm oder krank und behindert. Wir ziehen immer das an, wovor wir Angst haben. Angst ist immer der Auslöser, der von außen die Struktur verändert, bis das eintreten kann, was man befürchtet. Wenn ich Angst habe, krank zu werden, dann werden sich die Zellen so verändern, daß die Harmonie im Auf- und Abbau gestört ist und die Krankheit entstehen kann. Wenn ich Angst habe, meinen Partner zu verlieren, ist die Harmonie zwischen uns gestört. Jch verhalte mich dann genau so, daß der

Partner geht. Obwohl ich alles mache, um ihn zu halten. Aber das ist genau der Fehler – ich kann nämlich nichts tun. Jch muß es einfach sein lassen wie es ist. Diese Erkenntnis fällt uns auf der materiellen Ebene sehr schwer.
Wenn unser Herz dann ganz zugemauert ist, bekommen wir keine Luft mehr und haben Herzbeschwerden. Unser Herz und unsere Gefäße sind buchstäblich mit Kalk zugekleistert. Wir können dann auch nicht mehr gehen. Wir können nicht mehr auf den anderen zugehen. Mit der Verkalkung der Gehirngefäße bricht dann langsam das gesamte System zusammen. Erst im langsamen Sterbeprozeß wird die Struktur wieder aufgelöst. Doch der Preis ist hoch – er ist das Leben.
Tiefes Leid und Krankheit kann die Mauern um unser Herz wieder zum Einstürzen bringen. Wir werden dadurch aus unserer gewohnten Sichtweise herausge-

rissen und anstatt zu hassen und zu hadern, können wir lieben lernen. Vielleicht ist das auch zur Zeit der Sinn des unermeßlichen Leides durch Kriege und Vertreibungen auf unserer Erde. Dadurch soll vielen Menschen der Weg zur Umkehr gezeigt werden, damit sie zur Liebe finden. Denn nur die Liebe kann und wird die Welt verändern. Dieser Weg der Not ist hart und steinig. Indes: »Wir werden durch das finstere Tal geführt, um unsere Seele zu erquicken.« Die Bibel ist voll von Beispielen davon. Warum sollte es heute anders sein?

Ein weitere Weg um das Herz wieder zu öffnen, kann in spirituellen Praktiken bestehen. Seit urdenklichen Zeiten wurden in allen Kulturen verschiedene Techniken entwickelt, um das Bewußtsein zu verändern und damit das Herz zu öffnen. Bei den Ägyptern waren es die Einweihungsriten, bei den Mayas die Tötungszeremonien, bei den Farbigen in Afrika das Gehen in die Wildnis. Durch das Erleben der Todesangst, durch den Entzug von Licht, Wasser und Nahrung und durch das Ändern der Atmung kommt es zu einer Veränderung in der chemischen Substanz unseres Gehirns. In Trance, hervorgerufen durch Tänze, Klänge oder Lichterscheinungen, geschieht das gleiche. In der östlichen Literatur wird dies mit dem Erwecken der »Kundalini« beschrieben. Dabei kommt es zu Lichterscheinungen, zu einem völligen Klarwerden der Zusammenhänge. Man erkennt die Einheit mit allem, und damit wird das Herz geöffnet. Das Herz denkt dann, nicht mehr nur der Kopf.

Allerdings ist die Suche nach Erleuchtung heute völlig zwecklos, wenn sie nur dem eigenen Ego dient. Dafür werden wir nicht erleuchtet, und dann geht das Licht, das uns aufgegangen ist, mangels Nahrung sehr schnell wieder aus! Erleuchtung bedeutet das Erkennen der Zusammenhänge der Welt. Darin besteht eine Aufgabe! Wahre Erleuchtung macht klein und bescheiden, bereit zur Erfüllung seiner Aufgabe und zum Dienst am Nächsten. Dann zieht wirkliche Liebe in unser Herz ein – und damit auch tiefe Freude und Glück.

Einen erleuchteten Menschen erkennt man an seinem Lachen und an seinen Taten, und nicht etwa an dem Heiligenschein, den er sich aufgesetzt hat. Lachen, ein von Herzen kommendes Lachen, ist der Ausdruck von Freude und Glück. Deshalb ist Lachen auch die beste Medizin. Viel besser als falsches Beten, falsche Frömmigkeit und falsche Meditation. Warum in Kirchen wohl nie gelacht wird? Die tiefe Freude, das Göttliche in sich gefunden zu haben, muß sich doch in Freude und somit in Lachen ausdrücken!

Es genügt jedoch nicht, wenn unser Herz nun durch spirituelle Praktiken geöffnet ist, dies durch liebevolles Umarmen und andauerndes davon Reden, auszudrücken. Wir müssen täglich in unserem Leben unserer Liebe Ausdruck verleihen, und das tatkräftig! Einem bedürftigen Menschen etwas abgeben, einem Leidenden sein Ohr leihen, Mitgefühl und Hilfe dem anderen entgegenbringen – das ist Liebe. Die Umarmung eines verzweifelten Menschen, der Telefonanruf bei einem Alleinstehenden, das Hüten eines Kindes, dessen Mutter zum Arzt muß, das alles ist Ausdruck von Liebe. Es gibt tausend Möglichkeiten, die Liebe in unserem Herzen auszudrücken und auszuleben. Man muß nur immer das tun, was gerade als Aufgabe vor einem steht. Mit ganzem Herzen tun, nicht widerwillig und mit dem Gedanken an die eigene Person. Vergiß

dich selbst und denke an den anderen, dann denkt Gott schon an dich!
Der liebevolle Gedanke in unserem Herzen an einen anderen bewirkt sehr viel auf einer höheren Ebene, wirkt sich aber auch hier auf der materiellen Ebene aus. Gedanken kosten nichts und geben doch soviel von unserem Herzen weiter. Mit unseren Gedanken können wir die Welt verändern. Also fangen wir mit positiven Gedanken für unseren Nächsten an!
Wir kennen das Herz, das unser Blut durch den Körper pumpt. Wir kennen das Gehirn, das unsere Gedanken produziert und uns Wissen erwerben läßt. Und doch gibt es ein anderes Herz, das in der Mitte unseres Körpers liegt, in dem alles Wissen der Welt und der Ewigkeit verborgen ist. Wir müssen nur Zugang zu diesem Herzen finden, dann liegt alles offen vor uns.

Wenn unser Herz die Welt regiert,
wird es keine Kriege, keine Not und kein
Leid mehr geben!

Es ist so einfach:
Was wir in unserem Herzen haben,
wird auch in der Welt sein.
Darum versuche nicht, die Welt zu ändern.
Beklage dich nicht über die Welt.
Erkenne dein Herz und ändere es.
Damit wirst du alles in der Welt
verändern.

Alles ist so einfach, daß es fast schon
lächerlich ist,
daß der Mensch es nicht erkennen kann.
Er braucht nur in sich zu schauen.
Damit kann er die Wahrheit und
die Weisheit der Welt erkennen.

Jmmer warten wir auf belehrende Worte
von außen.
Doch ist die belehrende Stimme in uns.
Wir brauchen nur auf sie zu lauschen.

Es gibt keinen Meister außerhalb von uns.
Er ist immer in uns.
Darum suche auch nur dort nach ihm.
Doch diese Suche ist die schwerste!

Erkenne dich selbst,
und du erkennst Gott.

Unser Ego

Über das Entwickeln und Wahrnehmen von verschiedenen Bewußtseinsebenen

Mit Beginn unserer Sozialisierung fängt die Entwicklung unseres Egos an. Wir entdecken, daß wir von anderen getrennt sind. Unser Bewußtsein wird zur Landkarte, auf der Wege eingetragen sind, die wir zum Teil schon kennen. Doch im Laufe unseres Lebens kommen immer neue Wege hinzu. Wir entwikkeln bestimmte Gedankenstrukturen, Gewohnheiten, durch die wir auf der materiellen Ebene im Zusammenleben mit den anderen am besten zurechtkommen. Dabei finden wir heraus, wer wir sind und was wir denken, was wir sind und schließlich: was der andere denken soll, wer wir sind.

Die erste Frage, die wir uns stellen, ist: Wie muß ich mich verhalten, damit ich geliebt werde?
Das ist die Hauptfrage, die uns nach der Geburt bewegt. Denn davon hängt unser Leben ab. Nur wenn ich geliebt werde, werde ich gefüttert, gewaschen, gestreichelt, etc. Ohne Liebe können wir nicht überleben, wie wir aufgrund der hohen Sterblichkeitsrate von Säuglingen in Heimen wissen. Dadurch lernen wir sehr schnell, unser Verhalten so zu modifizieren, daß wir in unserem Rahmen geliebt werden. Zum Schluß sind wir mit der Suche nach Liebe und Anerkennung so identifiziert, daß wir selbst uns gar nicht mehr wahrnehmen. Wir nehmen uns nur noch durch den anderen wahr. Nur durch die Augen eines anderen, der ein Spiegel für unser Selbst geworden ist, nehmen wir uns noch wahr.

Der Computer hat das Programm übernommen, und wir glauben, ohne die äußere Hülle – das ist nun unser eingebildetes Ego – gar nicht mehr leben zu können. Ohne die äußere Anerkennung von anderen Menschen können wir nicht mehr existieren. Diese Anerkennung erhalten wir in Form von Gefühlen. Dies ist im günstigsten Fall Liebe und Zuneigung. Aber selbst Ablehnung und Haß sind immer noch besser, als überhaupt kein Gefühl zu erfahren. Denn nur durch die Übertragung von Gefühlen nehmen wir uns wahr. Über Jahre und Jahrzehnte bauen wir so unser Ego auf. Es ist das vermeintliche Bild, das wir von uns haben. Wir sind aber gar nicht mehr wir selbst, sondern nur noch das, was der andere in uns sehen soll oder was wir meinen, das er sehen will.

Auf der einen Seite ist dies sehr nützlich und wir brauchen dieses Ego auch in der

Welt der Materie. Auf der anderen Seite hindert es uns aber auf unserer spirituellen Reise, an unserem Erwachen zu unserem wahren Selbst. Wir müssen deshalb das Ego vom Meister zum Diener werden lassen. Wir müssen es von außen als ein nützliches Instrument zum Überleben betrachten, das jedoch keine große Eigenbedeutung hat.

Unser Ego lebt in unseren Gedanken und wird durch unsere Gedanken ausgedrückt. Unsere Gedanken haben aber ebenfalls die Herrschaft über unser Bewußtsein übernommen. Unsere Gedanken beherrschen uns, ohne daß wir es überhaupt noch wahrnehmen.

Nun ist es sehr schwer, diesen Mechanismus, diese Struktur, ausfindig zu machen und zu ändern. Denn es ist ja ein Teil dieser Struktur, ständig auszuwählen, was wir brauchen, um zu funktionieren. Deshalb wird von unserem Verstand natürlich alles gleich unterdrückt, was diese Struktur ändern würde. Der Verstand ist der Meister und der möchte nicht zum Diener des Bewußtseins werden. Deshalb will unser Verstand ein höheres Bewußtsein auch nicht zulassen. Dann wäre er ja nicht mehr der Meister. Wir müssen unseren Verstand also überlisten. Wir müssen es also langsam lernen, unseren Verstand abzustellen. Unser Gehirn ist als Sitz unseres Verstandes ohne Unterlaß damit beschäftigt zu denken. Wir nehmen es schon gar nicht mehr wahr, doch unsere Gedanken stehen nie still. Auch wenn sie sich nur im Kreise drehen, sie sind pausenlos tätig. Dies müssen wir erst einmal erkennen, ehe wir den Gedankenfluß unterbinden können.

Nun müssen wir den Verstand überlisten, damit wir ihn langsam abstellen können. Dies gelingt durch Meditation. In der Meditation wird der Verstand zunächst ruhig gestellt. Zwar schreit er immer wieder dazwischen, doch im Laufe der Zeit verliert er seine Vorherrschaft. Wie wir einen kleinen Hund trainieren, damit er uns gehorcht, so müssen wir dauernd unseren Verstand trainieren, damit er uns ebenso folgt. Nach einiger Zeit beherrschen uns unsere Gedanken nicht mehr, sondern wir beherrschen unsere Gedanken. Jetzt wird der Verstand langsam ausgeschaltet und wir können zu anderen Bewußtseinsebenen vordringen.

Das Gehirn selbst gibt uns nun ein gutes Mittel in die Hand, um den Verstand auszuschalten. Unser Gehirn ist nämlich nur in der Lage, einen Gedanken zur gleichen Zeit zu haben. Wir können mit unserer Gehirnstruktur keine zwei Gedanken zur selben Zeit haben. In der Meditation lernen wir nur einen Gedanken, den wir uns aussuchen, zu haben. Wir konzentrieren uns deshalb auf einen Gedanken. Dies können wir in Form eines Begriffes machen, oder uns ein Bild vorstellen oder uns auf einen Klang konzentrieren. Beim Wiederholen eines Begriffs – oder Mantras – oder bei der Vorstellung eines Bildes kommt nun natürlich immer wieder unser Verstand mit seiner eigenen Vorstellung dazwischen. Dies nehmen wir bewußt wahr und schieben den Verstand zu Seite. So lernen wir langsam unser Bewußtsein kennen und dringen zu unserem wahren Selbst vor, das sich von unserem Ego unterscheidet.

Nur unser Selbst, das frei von Wünschen ist, kann die Mysterien der Welt schauen. So lange wir in der Begierde gefangen sind, sehen wir nur das, was wir wollen oder was wir fürchten. Nicht jedoch die Wirklichkeit. Da unsere Augen die Welt sehen und das Bild unserer Augen über den Verstand kontrolliert wird, können wir nur die Illusion der Wirklichkeit

haben. Die Wahrheit können wir mit den Augen nicht erkennen.
Mit unseren Augen begehren wir Dinge. Wir sehen etwas und wollen es haben. Doch solange wir Wünsche haben, sehen wir nur die äußere Schale. Wenn man zum Beispiel hungrig ist, dann sieht man nur Sachen zum Essen. Nachdem wir einmal die Erfahrung der Befriedigung unserer Bedürfnisse gemacht haben, wollen wir dieses gute Gefühl immer wiederholen. Wir laufen dann durch das Leben, mit Augen, die nur die Befriedigung ihrer Bedürfnisse suchen. Ich brauche Liebe – wer kann sie mir geben? Ich brauche Geld, ich brauche Macht – wer gibt mir, was ich brauche? Wir suchen nur nach jemand, der diese Bedürfnisse befriedigt. Der andere wird gar nicht mehr gesehen. Er soll nur mein Bedürfnis befriedigen. Deshalb ist er austauschbar, wenn er nicht mehr bereit ist, jene Rolle zu spielen, die ich ihm zugedacht habe.

Nun müssen wir sehr wohl unterscheiden, ob es Hunger gibt oder ob ich hungrig bin. Zu fragen ist also: Gibt es das Bedürfnis nach Liebe und Anerkennung in mir, oder brauche ich, das heißt mein Ego, Liebe und Anerkennung? Wenn man Liebe braucht, dann ist man abhängig davon und damit auch abhängig von seinem Partner. Indem wir uns mit unseren Bedürfnissen identifizieren, wird unsere Wahrnehmung beeinträchtigt.

Jeder von uns hat eine lange Geschichte seiner speziellen Erfahrungen, seiner Bedürfnisse, seiner Frustrationen. Die Frage ist: Lassen wir uns von unserer Geschichte immer und immer wieder in der Wahrnehmung des Moments beeinflussen? So lange wir dies tun, leben wir nicht wirklich, sondern wir leben nur unser Ego aus. Wir brauchen nichts zu verleugnen, das können wir auch gar nicht. Wir müssen und dürfen von den Erfahrungen, die wir

gemacht haben, profitieren. Aber wir dürfen uns davon nicht einfangen lassen.
Nun sind die Gefühle der Macht, der Angst, der Unsicherheit, der Ohnmacht, Angst vor Versagen sehr machtvolle Gefühle. In dem Augenblick, in dem eines dieser Gefühle in uns erweckt wird, beeinflußt es meine Wahrnehmung und ich verhalte mich so, wie ich es gelernt habe – aber nicht mehr so, wie es dem gegenwärtigen Zeitpunkt angemessen wäre. Mit dieser Einstellung begegnen wir zum Beispiel dem inneren Gefühl der Angst, und dies wird dann eine sich selbst erfüllende Prophezeiung: Was ich fürchte, wird eintreten.
Mit dem Erkennen unseres Egos können wir lernen, unser Ego und die Identifizierung mit unseren Gefühlen aufzugeben. Indem wir auf eine andere Bewußtseinsebene gelangen, können wir das falsche Muster erkennen und ablegen. Unsere

Angst ist dann zwar nicht aufgelöst, aber sie hat keine Macht mehr über uns. Lust, sexuelle Begierden, Sehnsucht nach Liebe, Bedürfnis nach Macht und Sicherheit sind solche starken Muster, die unser Verhalten und damit unser Leben bestimmen. Wenn wir in solchen Momenten mit Hilfe der Meditation unser Ego ablegen, uns auf eine andere Ebene versetzen, erkennen wir unsere Verhaftung, welche auch immer es sein mag, und wir können sie einfach fallen lassen. So lange wir diese Verhaftungen ablehnen, sind wir noch darin gefangen – nur in einer anderen Falle. Wenn wir unser Ego und seine Gefühle kennen, haben sie keine Macht mehr über uns. Die Geschichte unseres Lebens besteht nach wie vor, aber sie bestimmt nicht mehr unser Leben.

Wir lernen im Laufe eines langen Prozesses wahrzunehmen, daß in uns ein Gefühl der Trauer, der Sehnsucht, der Wut, der

Angst ist. Doch wir sind nicht mehr das Gefühl. Wir werden von unserem Ego zu unserem Selbst transformiert. Das heißt: Wir werden zu der Person, die wir sind, und sind nicht mehr die Person, von der wir denken, wir seien sie. Wir können uns zugestehen, selbst zu sein. Dann haben wir unser Ego abgelegt.

Wir alle sehnen uns nach Freiheit.
Wir wollen selbst entscheiden,
was wir tun, wohin wir gehen,
mit wem wir zusammen sind.
Doch wollen wir gleichzeitig die
Geborgenheit einer Beziehung.
Sei es nun zu Gott oder
zu einem Menschen.
Die Geborgenheit bedeutet aber auch
immer eine Verpflichtung
und Aufgabe für uns.
Diese Aufgabe bedeutet auch ein
Aufgeben unseres Egos.
Und genau das fällt uns schwer.
Wir müssen unser Ego aufgeben,
für ein höheres Ziel, für ein höheres Sein.
Wir können nur glücklich sein,
wenn wir uns selbst aufgeben.
So einfach und doch so schwer.

Über die Liebe

Der Ausdruck »Liebe« wird oft benutzt. Meistens wird körperliche Liebe damit gemeint: Ich liebe dich, ich brauche dich, ich kann ohne dich nicht leben. Wir sollten dann besser von Bedürfnissen sprechen.

Es ist interessant, den Prozeß des Verliebens zu betrachten. Wir alle haben ein Herz von Liebe. Aber es ist verschlossen, zugemauert. Doch wir sind hungrig nach Liebe. Dann triffst du jemanden, der hat den Schlüssel zu deinem Herzen. Er schließt dein Herz auf und du fühlst dich wohl. Du bist glücklich! Er hat aber nur den Schlüssel zu deinem eigenen Herzen. Du könntest es also auch selbst aufschließen. Da du nun aber meinst, er allein habe den Schlüssel, wirst du abhängig von ihm.

Denn nur mit ihm und durch ihn kannst du glücklich sein. Dieses Gefühl in deinem Herzen willst du immer haben. Es tut so gut, mit der Person zusammenzusein, die dir dieses Gefühl vermittelt. Du möchtest Besitz von der Person ergreifen, denn du möchtest immer in deinem Herzen sein.
Doch wir können selbst dazu kommen, den Schlüssel zu unserem Herzen in die Hand zu nehmen und unser Herz aufzuschließen. Dann wären wir nicht mehr hungrig nach Liebe. Wir bräuchten dann nicht mehr eine andere Person, die unser Herz aufschließt, wir würden erkennen, daß wir selbst unser Herz aufschließen können. Die Liebe zu allem und jedem ist dann in unserem Herzen. Wir können dann aufhören, Liebhaber zu sammeln, als Ersatz für wahre Liebe. Wenn wir jemand lieben, ist unser Herz offen. Doch wir selbst entscheiden uns dazu, zu lieben und unser Herz zu öffnen.

Das Bedürfnis, zu lieben und geliebt zu werden, ist tief in uns drin. Es ist unser tiefstes Bedürfnis überhaupt. Doch wie nahe wir auch einem Menschen kommen, wir sind immer einen Gedanken von ihm entfernt. Nur wir selbst können uns völlig nahe sein. Das Göttliche ist durch keinen Gedanken von uns getrennt, da es in unserem Herzen wohnt.

Nur im intuitiven, offenen Herzen können wir mit jemand völlig verschmelzen. Da gibt es kein Ich und kein Du mehr, sondern nur noch den Raum der Liebe. Da gibt es auch keine Angst mehr, verlassen zu werden. Da ist alles ein Teil von uns. Wir können dann in der wahren Liebe zu einem Punkt kommen, wo alles den Ausdruck der Liebe darstellt. Doch so lange wir mit unseren Bildern und Vorstellungen vom anderen und mit unserer Angst angefüllt sind, können wir die wahre Liebe nicht erkennen. Erst wenn wir unsere

Selbstidentifikation auflösen, können wir die Wirklichkeit und die wahre Liebe erkennen.
Schauen wir uns die Menschen an, die wir nicht lieben, und sehen wir sie als Aufgabe, in die Liebe einzutreten.

Du bist der Liebe begegnet
und hast sie nicht erkannt,
weil Angst dein Herz verschlossen hatte.
Wo das Herz aber verschlossen ist,
kann die Liebe nicht einkehren.
Darum kannst du auf der ganzen Welt
nach der Liebe suchen,
du wirst sie nicht finden,
denn sie kann nur in deinem Herzen sein.

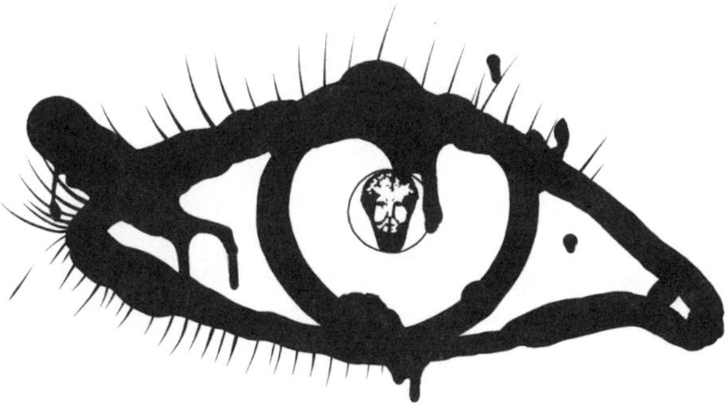

Über die Wahrheit

In einer Welt, die nur aus Illusionen besteht, die wir uns selbst machen, ist es sehr schwierig, die Wahrheit zu finden. Was ist die Wahrheit? Das was wir mit unseren eigenen Augen sehen können? Oder was wir mit unseren anderen Sinnen wahrnehmen können? Doch das ist Illusion – Maya – Schein einer Wirklichkeit. Bestehend aus einer Materie, die es in Wahrheit nicht gibt. Denn alles ist nur Schwingung.

Doch was ist dann die Wahrheit? Etwas, das nur in unserem Herzen existiert. Doch wie sollen wir die Wahrheit erkennen und leben, die nur in uns ist? Das ist in der Materie wahrhaftig sehr schwer. Aber es ist unumgänglich, denn ohne die Erkenntnis der tatsächlichen Wahrheit und ohne

das Ausleben dieser Wahrheit in der Materie können wir nicht weiterkommen.
In der Erkenntnis der Fragwürdigkeit der Wahrheit haben wir uns angewöhnt, von deiner und meiner Wahrheit zu sprechen. Damit drücken wir schon aus, daß Wahrheit etwas sehr persönliches ist. Etwas, das in uns selbst vorhanden ist. Ich kann etwas ganz anderes für wahr halten als du. Und trotzdem haben wir beide unsere Wahrheit gesagt und erlebt. Mit dieser Erkenntnis befinden wir uns in der Dualität der Materie. Es ist schon ein großer Fortschritt, wenn wir erkennen, daß die Materie die Wahrheit nicht beinhalten kann. Auch wenn wir die Transzendenz der Wahrheit nicht erkennen können, ist es sehr wichtig, daß wir zumindest die scheinbare Wahrheit der Materie leben. Diese scheinbare Wahrheit der Materie bedeutet unbedingte Aufrichtigkeit, absolute Ehrlichkeit, das Aufgeben der Lügen

und »Tricks«. Zumindest muß man sich selbst bewußt werden, welche Lügen und Tricks man benützt, um damit in der materiellen Welt besser zurechtzukommen. Das ist der erste Schritt. Denn nur wenn ich für mich selbst erkannt habe, daß ich diese Falschheiten benütze, daß ich mir selbst ein Bild von etwas mache, dann kann ich anfangen, dieses Bild zu ändern und die Falschheiten aufgeben. Ich muß sozusagen eine innere Brille aufsetzen und mein Bild von mir und der Welt betrachten. Plötzlich kann ich dann erkennen, daß das Bild nicht gut gemacht ist. Nun kann ich beginnen, dieses innere Bild von mir und der Welt um mich herum zu korrigieren. Dies kann ich jedoch nur machen, wenn ich dauernd die »innere Brille« aufsetze und genau hinschaue. Es ist eine dauernde Arbeit, die im Inneren von uns selbst getan werden muß. Wie alles übrigens.

Wir müssen zunächst in unserem Inneren ein klares Bild von uns haben, ehe wir in der äußeren Welt ein klares Bild von uns projizieren können. Dieses Bild, das wir nach außen projizieren, entspricht dann unserer inneren Wahrheit. Und so hat tatsächlich jeder Mensch seine eigene Wahrheit. Doch erst die Summe dieser vielen Wahrheiten ergibt die endgültige absolute Wahrheit. Doch die kann der einzelne Mensch in der Wirklichkeit, in der wir leben, nicht erkennen.

Man kann daraus jedoch ableiten, wie wichtig es für jeden einzelnen von uns ist, seine persönliche Wahrheit zu finden und zu leben. Lügen und bewußte Unwahrheiten sind die größten Hindernisse auf der Suche. Wenn man sich jedoch erst einmal bemüht, seine Wahrheit zu leben und ganz gerade seinen wahren Weg sucht, dann wird das Leben auch viel leichter. Auch in den äußeren Umständen. Nur der erste Schritt, der Entschluß, uns selbst und unsere falschen Vorstellungen aufzugeben, ist schwer. Wir sind so daran gewöhnt, daß wir Angst davor haben. Doch ehe wir nicht unsere Angst überwunden haben und wir uns selbst nicht klar sehen und erkennen können, können uns auch andere nicht erkennen.

Leben und Tod sind zum Beispiel zwei Seiten einer Wahrheit. Es gibt für uns Leben und Tod, und doch sind es nur zwei verschiedene Seiten einer Medaille. Wie auch Tag und Nacht. Es ist immer das gleiche. Deshalb spielt es auch keine Rolle, ob wir leben oder nicht. Wir sind immer da, in der gleichen Form. Wir können aber die andere Seite der Medaille nicht sehen, wenn wir die eine Seite betrachten. Doch beide Seiten sind immer da, in der gleichen Form. Nur die äußere Hülle ändert sich. Diese äußere Hülle ist in Wirklichkeit jedoch gar nichts.

Wir können die Blätter vom Baum abfallen und auf der Erde liegen sehen. Wir können sehen, wie das Laub verwelkt und wie neuer Humus daraus entsteht und wie dieser Humus wieder für neues Leben dient. Obwohl das Blatt vergangen ist, bleibt es doch als Blatt immer und ewig. Und es ist doch vergänglich. Wir sehen diese Wahrheit vor unseren Augen und können sie doch nicht erkennen.
So lange wir uns in der Materie in unserer Person so wichtig nehmen, können wir die Wahrheit hinter der Materie nicht sehen. Doch die Materie kann und wird auch für uns transzendent werden.
Zwei Lichtwellen, die aufeinander stehen, erscheinen uns als zwei Farben. So sehen wir die Dinge. Doch sind es in Wirklichkeit nur zwei verschiedene Schwingungen, die gleich und doch verschieden sind. Oder ein anderes Beispiel: Wasser und Öl. Es steht aufeinander und wir nehmen

es als zwei getrennte Schichten wahr. Man kann diese Schichten durch Schütteln mischen, doch sie verschmelzen nie. Es sind immer zwei Flüssigkeiten, eine dann in der anderen enthalten. Und doch ist es nur eine Materie mit einer bestimmten Dichte und Schwingung in einer anderen. So ist es auch mit dem Leben und dem Tod. Das ist die einfache Wahrheit.

In der Wahrheit selbst
ist die Wahrheit verborgen.

Der Wind hat ein Blatt
auf die Reise genommen.
Ganz müde und matt
ist es wieder gekommen.

Was hat es gesehen?
Was hat es erlebt?
Was ist geschehen?
Es ist über Meere und Länder geschwebt.

Hat Klagen vernommen
und Lieder gehört.
Es ist wieder gekommen,
wird nicht mehr gestört.

Doch die Erinnerung,
was es einst gesehen,
wird nie mehr untergehen.

Die Erinnerung gelebt zu haben,
ehe sie starben,
ist alles was bleibt,
wenn es abwärts treibt.

Der Tropfen im Ozean ist nicht das Meer –
und doch gibt es kein Meer ohne diesen
einzelnen Tropfen.

Das Sandkorn in der Wüste ist nicht die
Wüste –
und doch gibt es die Wüste ohne dieses
Sandkorn nicht.

Der einzelne Mensch ist nicht Gott.
Doch gäbe es ohne den einzelnen
Menschen das Göttliche nicht.

Gott braucht uns und wir brauchen Gott.
Gott hat uns erschaffen und wir
erschaffen uns jeden Tag aufs neue Gott.

Alle unsere Taten, unser Sein und
unsere Gedanken
erschaffen das Göttliche.

Deshalb ist nichts,
was wir sind, tun oder denken
ohne Bedeutung!

Jedes Elend, jeder Kummer
auf dieser Welt
ist auch dein Elend und dein Kummer.
Jedes Glück und jede Freud
auf dieser Welt
ist auch dein Glück und deine Freude.

Es liegt also allein in unserer Macht,
was auf dieser Welt vorherrscht –
Glück und Freude oder Kummer und Leid.

Dies ist die Wahrheit,
die vor unseren Augen liegt –
und trotzdem können wir sie nicht erkennen.

Über das Sterben

Sterben ist das Gleiche, wie geboren zu werden. Es bedeutet den Übergang von einer Daseinsform in eine andere. Das eine Mal treten wir in die Materie ein, das andere Mal verlassen wir sie wieder. Durch unseren Eintritt in einen materiellen Körper beleben wir diesen mit unserer Seelenschwingung. Dadurch wird aus der toten Materie mit einer sehr niederen Eigenschwingung eine lebende Materie mit einer höheren Schwingung. Das gilt für jede lebende Substanz, sei es Tier, Mensch oder Pflanze. Es handelt sich dabei immer nur um andere Schwingungsformen.

Wie vollzieht sich nun der Eintritt in das Leben? Beim Zeitpunkt der Zeugung, das heißt genau zu dem Moment, wo Ei und

Samenzelle miteinander verschmelzen, tritt auch ein silberner Lebensfaden mit ein. Schon die erste Zelle ist beseelt. Es kann jedoch auch sein, daß schon die Samen- oder Eizelle bereits beseelt ist und zwei beseelte Zellen miteinander verschmelzen. Der silberne Licht- oder Lebensstrahl ist das Licht, das letzten Endes alles beseelt und belebt. Durch den Eintritt des Lichtes in die Materie wird diese in eine höhere Schwingung versetzt, und so wird aus der toten Materie Leben. Das bedeutet, daß Leben Licht ist. Das ist die einfache Wahrheit. Wir kommen aus dem Licht, und wir gehen nach dem Tod wieder in das Licht zurück. Hier im Leben in der Materie sind wir vom Licht beseelt.

Es ist unsere Aufgabe, so lange wir in der Materie sind, das Licht durch uns scheinen zu lassen. So wird die Materie transparent. Dieses Transparentwerden geschieht durch den Eintritt von mehr

Energie in unsere Körper. Wir können dies sehr wohl wahrnehmen und auch durch bestimmte Übungen fördern. Wir lernen dabei, die uns umgebende Energie aufzunehmen. Allerdings gibt es auch schädliche Einflüsse, wodurch das Eintreten von Energie verhindert wird. Was wir mit der Nahrung in uns aufnehmen, kann schädlich sein, und unsere Schwingung herabsetzen. Auch unser Verhalten kann das Aufnehmen von Energie verhindern. Wenn wir uns lieblos und kalt verhalten, wird unsere Schwingung herabgesetzt und die Materie verdickt wie bei Wasser, das zu Eis gefriert. Wenn unser Herz jedoch offen ist, und zwar durch Liebe, dann kann Energie eintreten, und wir werden in einen höheren Schwingungszustand versetzt. Wiederum wie bei Wasser, das durch Energiezufuhr zu Dampf werden kann.

Nach dem ersten Öffnen des Herzens ist das ein von selbst ablaufender Prozeß. Durch den Eintritt von mehr Energie fühlen wir uns gut, unser Herz geht auf und wir strahlen mehr Liebe aus. Dadurch wird unser Verhalten geändert. Wir stellen unsere Nahrung um, da unser Körper schädliche Stoffe und Substanzen meiden möchte. Wenn wir nicht darauf hören, geht dies mit Schmerzen und Leiden einher. Viele Erkrankungen in unserer Zeit beruhen auf dieser Tatsache. Nur dadurch sind wir langsam bereit, unser Verhalten zu ändern.

In diesem Prozeß der höheren Energieaufnahme können wir so weit kommen, daß es keine Grenze mehr gibt zwischen Materie und Nichtmaterie, das heißt zwischen Sein und Nicht-Sein. Dann hat man die völlige Erkenntnis von allem. Dann werden wir totale Liebe, und das Licht scheint durch uns hindurch. Dies war bei Chri-

stus und Buddha der Fall. Doch das ist nur wenigen Menschen gegeben. Der Weg dahin und das Streben danach soll jedoch unser Ziel sein. Nur so kann mehr Liebe und Licht auf dieser Erde sein. Nur so kann in Zukunft dieser Planet belebt werden. Wenn das nicht geschieht, wird das Leben hier aussterben.
Es ist sehr wichtig, daß im Verlauf des Lebens dieser Prozeß gelernt wird. Denn es versteht sich von selbst, daß in der Nicht-Materie die Schwingung der Materie nicht erhöht werden kann.
Wenn nun ein Mensch in diesem Leben keine Liebe geben und empfangen kann, dann hat er nach dem Verlassen des Silberstrahls aus seinem Körper auch keine Möglichkeit mehr, seine Schwingung zu erhöhen. Er kann nicht mehr um andere Menschen sein und ihnen mit Liebe zur Seite stehen. Er muß direkt miterleben, wie er außen bleiben muß. Dies ist nach

dem Tod ein sehr hartes und schweres Los. Die Menschen, die man gekannt hat, zu sehen, und nicht mehr bei ihnen sein zu können. Deshalb kleben dann auch viele dieser Seelen, wie wir sie nennen, nach dem Tod noch an den Lebenden und können nicht loslassen. Sie möchten jetzt so gerne liebend in die Lebenden eindringen, um so ihre und die Schwingung der Lebenden zu erhöhen. Aber das geht nicht mehr. Nach einer Zeit des Abstands ist dieser Prozeß abgeschlossen, oder aber wenn diese Seelen durch Liebe von Lebenden weggeschickt und in das Licht geführt werden können. Durch die Liebe von Menschen, die wissen, und bei denen es keine Grenze mehr zwischen Leben und Tod gibt, kann die Schwingung der herumirrenden Seele erhöht werden. Dadurch kann sie schließlich doch noch in das Licht zurückkehren. Wir bekommen immer eine neue Chance.

Die Seele verbleibt nach der Rückkehr in der Einheit des Lichtes, bis sie sich wieder entschließt, mit anderen Anteilen zusammen erneut in die Materie einzutreten und wieder am Kreislauf des Lebens teilzunehmen. Viele hoch- und niederschwingende »Partikel« von verschiedenen Seelenanteilen bilden dann einen neuen Silberfaden, der wieder einen Menschen belebt. Es kommt also nicht eine Seele als Ganzes wieder in den Körper eines Menschen und bildet eine neue Seele! Es findet immer ein Austausch und damit eine Weiterentwicklung statt. Gute und schlechte Anteile – nur nach unserer Wertschätzung! – vermischen sich also miteinander. Dadurch waren und sind wir letzten Endes alle gleich. Nichts unterscheidet uns. Nur diesmal, in diesem Leben sind wir zwei verschiedene Seelen, das nächste Mal ist es wieder anders. Wir sind alle eins.

Die Seelen, die reine Liebe sind und einen sehr hohen Schwingungszustand haben, sind immer um uns herum. Sie erhöhen durch ihr Dasein und ihre Liebe den Schwingungszustand von uns Menschen. Sie brauchen sich nicht mehr selbst zu verkörpern, sondern wirken von außen. Sie sind ein Teil des immer währenden und überall seienden Lichtes geworden, das alle Materie belebt und am Leben erhält. Wenn wir deshalb die Liebe leben, können wir Unsterblichkeit erlangen. Wir werden dann zu Licht und zu reiner, sehr hoch schwingenden Energie. Das ist unsere Bestimmung. Wir sind dann in allem, und alles ist in uns. Wir sind grenzenlos und nichts. Wir verstehen alles und sind vollkommen ausgeglichen. Dieser Zustand ist für uns auf Erden hier unvorstellbar. Doch wer danach strebt, wird auch dahin gelangen.

Jede Materie ist so belebt. Sei es nun eine Pflanze, ein Tier, ein Mensch oder ein Stein. Jede Materie hat einen bestimmten Schwingungszustand, der ein Teil des Lichtes darstellt. Bei einer niederen Schwingung wie einem Stein ist die Materie noch sehr fest. Je höher die Schwingung ist, desto weicher und beweglicher wird die Materie. Aber es sind in jeder Materie immer Anteile von allen Schwingungen, die je waren und die je sein werden. Wer sensibel ist, hat deshalb die Möglichkeit, die Schwingung von Steinen oder Kristallen wahrzunehmen oder die Erinnerung von Bäumen zu lesen. Zukunft und Vergangenheit, alles ist immer da und wird immer da sein. Nichts geht verloren, kein Gedanke, keine Tat, nichts. Und doch ist nichts von Bedeutung. Auch wir sind nur ein Teil von allem. Ein Teil im unendlichen Kosmos, den wir uns selbst erschaffen.

Unsere Angst vor dem Sterben und vor dem Tod ist nur die Angst vor dem Nichts. Wir können das Nichts in seiner Absolutheit nicht verstehen und nicht ertragen. Es bekommt deshalb einen Namen von uns: Gott, Tod, Leben, Ewigkeit, Zeit und Raum. Allerdings sind dies die Begriffe, die wir nicht genau definieren können. Wir können sie beschreiben, aber wir wissen nicht, was letztendlich Gott, Zeit oder Ewigkeit ist. Interessanterweise wird jetzt durch die moderne Physik der Schleier der Erkenntnis langsam gelüftet. Alles existiert nur in unserer Vorstellung, alles wird nur durch unsere Gedanken geschaffen. Unsere Gedanken schaffen die Welt, die wir dann sehen. Das ist die Realität und nicht etwa das, was wir mit unseren Augen sehen können.

Dies bedeutet aber auch, daß die Gedanken und Vorstellungen eines jeden Menschen von ungeheurer Bedeutung sind, da sie die Welt miterschaffen. Wir Menschen haben es ganz allein in der Hand, wie die Welt aussieht und auch, ob sie weiter bestehen bleibt. Da aber kein Gedanke und kein Gefühl je verloren geht, bleibt alles in der Erinnerung des Kosmos gespeichert. Dadurch sind wir ewig. Losgelöst im Nichts, unabhängig von Leben und Tod, von Zeit und Raum. Wir haben die Unsterblichkeit und wissen es nicht, weil wir an der Materie kleben.

Von dem Moment unserer Geburt an begleitet uns der Tod. Wir folgen ihm blind. Er ist unser ständiger Begleiter, ob wir ihn nun erkennen oder nicht. Treu steht er neben uns, in allen Lebenslagen. Wir können uns immer auf ihn verlassen. Nie können wir ohne ihn sein. Genau wie das Göttliche. Auch Gott ist immer bei uns, obwohl wir ihn nicht erkennen. Auch ihm folgen wir, ohne es zu wissen. Das Leben ist auch immer in uns. Doch wird es uns

nie bewußt. Wir folgen auch dem Leben blind. Genau wie dem Göttlichen. Gott ist alles, Leben und Tod, Unendlichkeit und Ewigkeit
Was ist deshalb von Bedeutung? Alles und nichts. Leben oder Tod, es ist alles gleich: nur ein Übergang, bis wir in den höchsten Schwingungszustand des reinen Lichtes und der Liebe gelangen. Dies meinen wir mit Gott, der immer in uns ist und in dem wir immer sind.

Der Tod ist für den Geborenen
genauso sicher
wie die Geburt für den Sterbenden.
Alles kann man dem Menschen nehmen,
nur diese beiden Dinge bleiben.

Nur wer die Todesfurcht überwunden hat,
ist wirklich frei für das Leben.
Er ist frei für die Liebe zu allem
und damit frei für das Glück.
Das ist unsere eigentliche Bestimmung.

Gott will, daß wir glücklich sind.
Nur wir selbst hindern uns daran.

Das Böse

Das Böse in der Welt ist nur relativ und teilweise böse, niemals absolut und ewig. Es ist böse zu einem bestimmten Zeitpunkt und an einem bestimmten Ort oder in Bezug auf eine bestimmte Person oder Wesen.
Wir betrachten das als böse, was unserer Selbstsucht zuwiderläuft, unserem menschlichen Körper Schmerzen zufügt und nicht in unseren menschlichen Gesichtspunkt hineinpaßt. Das Böse ist vergänglich. Die bösen Mächte sind immer aggressiv und müssen versuchen, das zu zerstören, was sie am Ende selbst zerstören wird – nämlich ihr Gegenteil, das Gute.
Das Böse ist das Nicht-Sehen dessen, was ist, das Nicht-Verstehen der Wahr-

heit und das Nicht-Handeln in Harmonie. Nur das Gute dauert an. Aber das Gute kann nur gut sein durch das Vorhandensein des Bösen. Oder anders ausgedrückt: Ohne das Böse gäbe es das Gute nicht.

In unserer materiellen Welt brauchen wir immer den Gegensatz von etwas, damit etwas sein kann. Ohne Nacht kann es keinen Tag geben. Ohne Licht keinen Schatten. Doch hierbei können wir gut erkennen: Das Licht kann ohne Schatten sein, aber es kann keinen Schatten ohne Licht geben. Genauso ist es mit dem Bösen und dem Guten. Das Böse kann nur in Zusammenhang mit dem Guten entstehen, aber nicht allein.

So wie es auf dieser Welt gute und böse Taten gibt – wohlgemerkt, es gibt keine Menschen, die nur gut oder nur böse sind –, so gibt es auch in der nicht-materiellen Welt positive und negative Kräfte und

Energien mit höherer und niederer Schwingung. Diese Kräfte versuchen über uns Menschen Einfluß auf die Materie zu gewinnen. Jeder ist für diese beiden Kräfte offen. Je willenloser ein Mensch ist, um so leichter kann er ein Spielball dieser Kräfte werden. Deshalb müssen wir unseren Willen hier schulen, um nicht durch uns hindurch den bösen und negativen Kräften hier in der Materie Einfluß zu gewähren.

Wir müssen aufmerksam schon böse und negative Gedanken abwehren – und nicht erst die Taten verhindern; denn schon böse Gedanken stellen den ersten Einfluß des Bösen in der materiellen Welt dar. Den bösen und schlechten Gedanken folgt unmerklich, aber sicher die böse Tat. Deshalb ist die erste Zucht, der sich ein Mensch unterziehen muß, die stete Kontrolle seiner Gedanken. Wenn er dazu nicht bereit und fähig ist, ist alles weitere zwecklos und Lüge. Denn die Gedanken sind immer die Vorläufer seiner Taten. Erst wenn wir unsere Gedanken unter Kontrolle haben, können wir auch unsere Taten kontrollieren. Diese Kontrolle der Gedanken bedeutete aber zwangsläufig das Abwenden vom Bösen. Dadurch haben die negativen Kräfte keinen Einfluß mehr auf uns.

So lange wir in der Dualität leben, kreisen unsere Gedanken um Mögen und Nicht-Mögen, um lieben und hassen. Wir leben immer in unbefriedigten Gedanken, wie etwas sein soll und wie es nicht sein soll. Alles scheint im Widerspruch zu stehen. Wie können wir die Welt und die Menschen um uns herum ändern? Das scheint die grundlegende Frage zu sein. Indem wir unseren Willen dann durchsetzen wollen, begehen wir für den anderen scheinbar »böse Taten«. Denn sie stehen in Widerspruch zu dem, was der andere will. Deshalb ist dieser Denkansatz falsch. Wir müssen uns fragen: Wie kann ich mich ändern, damit ich in diese Welt passe? Das ist die richtige Frage, und doch so schwer zu leben. Denn dann müssen wir unseren Willen und unsere Wünsche, kurz: unser Ego aufgeben.

Wenn wir unser Ego aufgegeben haben – spätestens nach dem Tod –, dann sind wir wieder in der Harmonie mit allem. Dann kann es kein Böses mehr geben. Streben wir also wenigstens teilweise schon jetzt und hier danach, unser Ego wenn schon nicht aufzugeben, so dann doch zu vermindern.

Selbstaufgabe –
das höchste Ziel des Menschen.
Doch jeder wird es zum Schluß erreichen.
Im Sterben müssen wir unser Selbst
aufgeben.
Danach gibt es nur noch Licht und Liebe.
Das Böse hat dann aufgehört
zu existieren.

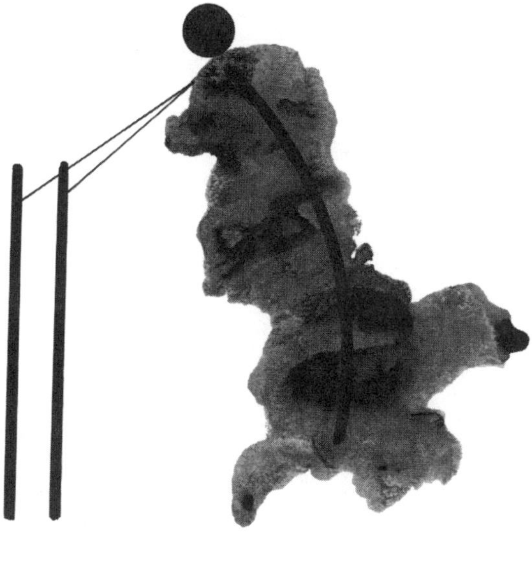

Was ist der Sinn des Leides?

Solange wir in der Dualität sind, solange wir vom Göttlichen getrennt sind, benötigen wir das Leid, da es unser Lehrmeister ist. Durch unser Verhaftetsein an der Illusion leiden wir, weil wir die Illusion, das Materielle, nicht aufgeben wollen. Es ist also unser eigener Verstand, der Leiden schafft.

Was ist nun die Aufgabe des anderen, zu dem man mit seinem Leid kommt? Der andere kann und darf sein Herz erweitern, er wird seine Liebe zeigen, das Leid teilen. Der Kummer des Leidenden wird dadurch gelindert und die Substanz der Liebe auf der Welt dadurch erhöht. Dadurch kommen wir wieder ein wenig näher in die Einheit mit dem Göttlichen, mit der Liebe.

Es gibt ein Sprichwort: »Gott kommt zu dem Hungrigen in Form von Essen, das du ihm gibst!« Du bist durch die Verkörperung der Liebe, mit der du dem Hungrigen Brot gibst, Gott. Wenn du Gott suchst, findest du ihn in deinem Herzen, das du liebevoll für den anderen geöffnet hast. Nach unserem Bewußtwerden, nach unserem Aufwachen schauen wir Leid anders an. Es ist eine Chance für uns, das Leid mit dem anderen zu teilen, unser Herz zu öffnen. Dadurch kann sich das Göttliche in uns ausdrücken.

Man benützt also das eigene Leiden, um sich zu befreien, um in seiner Entwicklung weiter zu kommen. Ohne das Leid würden wir immer auf der gleichen Entwicklungsstufe stehenbleiben. Aber auch in Bezug auf das Leiden der anderen kommen wir weiter, weil wir unser Herz öffnen. Im Leid können wir das Mysterium der Welt erkennen.

Keiner kann das Leid der ganzen Welt auf sich nehmen. Christus hat für uns gelitten und doch ist Leid auf der Welt geblieben. Nur Gott selbst – und in der Verschmelzung mit dem Göttlichen – kann das Leiden aufgehoben werden. Wer kann das Unerträgliche tragen? Niemand. In dem Augenblick, wo wir ein Jemand sind, können wir das Unerträgliche nicht tragen. Christus ist als Mensch am Kreuz gestorben, weil dies das Ende des »Jemands« war. Seine Liebe als Mensch war groß und bedingungslos, dadurch kehrte er wieder in die Einheit Gottes zurück. Doch es muß immer wieder ein neuer Christus geboren werden, bis wir alle wieder in der Einheit und Liebe des Göttlichen sind.

Der Sinn des Leides ist also, mit dem Mysterium zu leben, ohne zu urteilen, das Leiden in uns selbst zu umarmen, den Schmerz in unserem Herzen sowie den anderen Leidenden ebenfalls einzuschließen. Gleichzeitig dürfen wir dabei jedoch nicht die Freude an der Welt verlieren. Um das zu erreichen, müssen wir an uns selbst arbeiten, um eine Perspektive für das Leid zu erhalten. Mitgefühl steigt aus der Leere auf. Die Grenze zwischen dir und dem anderen wird verlassen. Im Leid werdet ihr zu einem. Das ist das Ziel unseres Da-Seins hier. Eins zu werden mit den anderen. Dies bedeutet auch, das Christusbewußtsein auf der Welt zu verwirklichen. »Ich und der Vater sind eins. Wer mir nachfolgt, folgt dem Vater nach!« Dies können wir nicht nur durch Leid, sondern auch durch Liebe erreichen. Wenn es deshalb mehr wahre Liebe auf der Welt gäbe, müßte es weniger Leid geben. So lange es Menschen gibt, wird es auch Leid geben. Erst in der reinen Liebe wird das Leiden überflüssig.

Nur durch Liebe wird Leid verhindert. Um die Liebe zu lernen und zu leben, dafür sind wir hier.

Das kosmische Gesetz

Die Natur folgt einem inneren Ordnungsprinzip, ohne jemals davon abzuweichen. In der Beobachtung der Natur können wir deshalb die Gesetze von allem erkennen.
Der Regen ist der Ursprung allen Lebens und zugleich das Ende allen Lebens. Der flüchtige Moment, der kurzlebige, unwiederbringliche Augenblick ist gleichzeitig auch die Gegenwart des Ewigen im harmonischen Zusammenspiel täglicher Eindrücke und Erfahrungen.
Wir sehen die Welle und das Meer – zwei Begriffe, und doch ist es nur eins: Wasser. Wir haben den Menschen und den Geist – wiederum zwei Begriffe, und doch ist es nur eins: Gott und das Göttliche.

Wir können mit unserem Verstand nicht erklären, was in einem Samenkorn geschieht, damit es zu einem Baum oder zu einer Blume wird. Genauso wenig können wir erklären, was die Samenzelle zu der Eizelle zieht, um es zu befruchten und dann ein Lebewesen, Mensch oder Tier entstehen zu lassen. Es ist der ewige Prozeß des Lebens.

Das Leben selbst ist nicht erklärbar. Es kann und muß nur gelebt werden. Genauso wenig ist die Liebe und das Glück erklärbar. Beides kann nur gefühlt werden – und zwar tief in unserem Herzen.

Alles ist immer nur ein Ausdruck des Göttlichen und alles folgt immer dem göttlichen, kosmischen Gesetz. Dieses Gesetz ist gerecht und gut. Es ist ewig und findet in allem seinen Ausdruck.

Vor Tausenden von Jahren haben Weise zu aller Zeit dieses Gesetz schon teilweise erkannt, und es findet sich in allen alten Büchern, von der Bibel bis zu den Upanischaden. Der moderne Mensch beachtet in seinem Wahn, daß er alles weiß und alles kann, diese Gesetze nicht mehr. Doch auch das hat es schon immer gegeben, daß der Mensch meinte, Gott spielen zu können. Es hat sich immer gerächt.

Selbst die größte Bewußtheit
kann das Göttliche nur ahnen.
Doch in der tiefsten Demut
und im einfachsten Gemüt
können wir alles von Gott erkennen
und wissen.

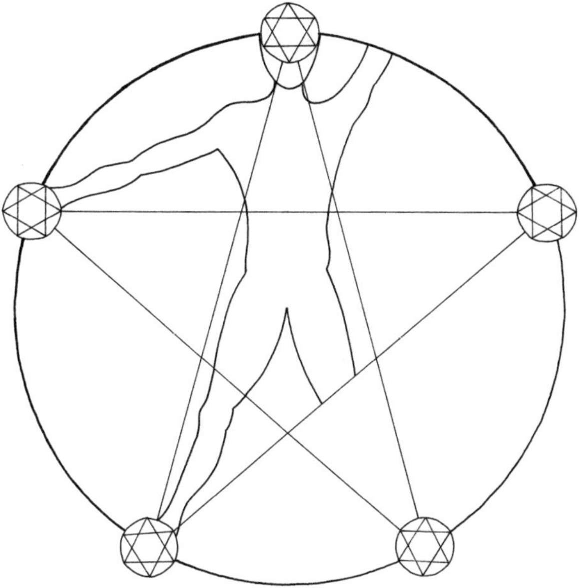

Was ist der Mensch?

Was macht den Menschen aus? Sein Kopf, sein Gehirn, seine Fortpflanzungsorgane, sein Herz? Sicher nicht. Jst es die Gesamtheit seines Körpers? Nein, denn dann wäre der Mensch auch noch ein Mensch, wenn er gestorben ist. Dann aber nennen wir ihn eine Leiche. Also macht das Leben, das in dieser Substanz aus Knochen, Fleisch und Blut ist, den Menschen zum Menschen. Was aber ist das Leben in uns? Und nicht nur in uns, sondern auch in jedem Tier und in jeder Pflanze? Es ist etwas, das wir nicht sehen, nicht fühlen, hören oder schmecken können. Wir können es also mit unseren fünf Sinnen nicht auf- oder wahrnehmen. Und trotzdem ist es da. Also muß das Leben etwas sein, was außer-

halb von uns existiert, außerhalb der Materie, außerhalb unseres normalen Bewußtseins.
Wann oder wie tritt nun Leben in die tote Materie ein und erweckt sie zum Leben? Dies kann nur ein Bewußtsein sein, das weit über unserem Bewußtsein liegt, aber trotzdem auch in unserem Bewußtsein verankert sein muß. Dieses Bewußtsein nenne ich das Gottesbewußtsein. Durch dieses Bewußtsein wird der Mensch zum Menschen, das Tier zum Tier und die Pflanze zur Pflanze gemacht. Dieses Bewußtsein gibt der toten Materie ihren Namen und damit ihr Leben. Mit der Namensgebung ist aber auch eine Verpflichtung verbunden. Wir müssen dann unserer Verpflichtung als Mensch nachkommen, das heißt unsere Aufgabe erfüllen. Aber erst nachdem wir einen Namen bekommen haben, können wir dies.
Das und nichts anderes ist in der Bibel

ausgedrückt bei der Erschaffung des Menschen. »Ich habe dich bei deinem Namen gerufen, du bist mein.« Gibt es etwas Größeres, Erhabeneres, Schöneres als daß wir ihm, den wir Gott, göttliches Bewußtsein, Licht oder Liebe nennen, angehören dürfen? Wir sind ein Teil von ihm, dem er seinen Atem, seinen Geist eingehaucht hat. Dadurch hat er uns und alles zum Leben erweckt.
Lebendig sein heißt Gott sein!

Wir beten und bitten zu Gott,
damit er unsere Aufgaben erfüllen soll.
Doch dafür ist er nicht da.
Wir selbst müssen
unsere Aufgaben erfüllen.
Damit sind wir für ihn da.
Eine Dankbarkeit ist damit verbunden,
daß er uns Aufgaben stellt,
die wir erfüllen dürfen.
Danken sollte unser einziges Gebet sein.

Alles ist in uns und wir sind in allem

Die Weisheiten von Hermes Trismegistos – wie oben so unten, wie innen so außen, wie im Großen so im Kleinen – besagen genau dies.

Wir haben alles in uns. Jede Liebe, jeden Haß, jede Größe, jede Gemeinheit, das Lachen und die Traurigkeit. Es liegt dann immer nur an uns, was wir ausleben. Zunächst sind es jedoch immer unsere Gedanken, die dann unser Tun beeinflussen. Dies ist die Macht der Gedanken.

Wir haben die Freiheit zu denken, was wir wollen. Wir können uns aus der Dualität der Materie immer den Teil aussuchen, den wir verwirklichen wollen. Haß oder Liebe, Freude, oder Trauer. Wenn wir uns nun gedanklich mit dieser Gefühlseigenschaft beschäftigen, dann werden

wir sie langsam aber sicher in die Wirklichkeit bringen.
Ein Beispiel: Wenn wir uns gedanklich immer mit etwas Traurigem beschäftigen, etwa dem Tod eines geliebten Menschen, einer Krankheit oder dem Alleinsein, dann wird dieses Gefühl der Traurigkeit in uns übermächtig. Wir sind dann auf Grund unserer traurigen Gedanken nur noch Traurigkeit und strahlen dies in unserem Verhalten auf andere aus. Zunächst versuchen uns die Menschen um uns herum noch zu trösten, aufzuheitern und von unseren traurigen Gedanken abzulenken. Wenn wir aber daran festhalten, dann ziehen sich die Menschen in unserer Umgebung mehr und mehr zurück. Mit einem traurigen Menschen ist niemand gerne zusammen, keiner läßt sich von der Traurigkeit des anderen anstecken. Dies führt im Laufe der Zeit dazu, daß genau das in Wirklichkeit eintritt, was wir uns vorher in

Gedanken vorgestellt haben. Obwohl wir das natürlich nicht wollten oder sogar Angst davor hatten. Doch genau durch diese Angst haben wir die entsprechenden Tatsachen und Ereignisse angezogen.
Deshalb ist es also besser, sich ganz bewußt mit etwas Positivem und Schönem, mit Gedanken der Liebe und der Freude, zu beschäftigen. Denn dadurch werden wir diese positiven Gefühle ausstrahlen und im Laufe der Zeit auch diese positive Seite in unser Leben und in die Materie bringen.
Am Anfang ist es nicht leicht, immer seine Gedanken unter Kontrolle zu haben. Denn die Gedanken sind es gewöhnt zu machen, was sie wollen. Sie wollen sich zunächst gar nicht von uns in eine andere Richtung drängen lassen. Sie wollen ihre Macht, uns zu beeinflussen, nicht aufgeben. Doch durch dauerndes Üben kann

man dies lernen. Unterstützt wird dies durch die Übung der Meditation. Man lernt in der Meditation seine Gedanken unter Kontrolle zu bekommen. Am Anfang spielt es keine Rolle, ob man sich darauf konzentriert, seine Atemzüge zu beobachten, vorgegebene Bilder in sich aufsteigen zu lassen, den Atem versucht einzustellen oder auch bestimmte Körperhaltungen einzunehmen. Die Konzentration darauf ist das Wichtigste. Mit dieser Konzentration auf etwas Unabhängiges von uns und unseren abschweifenden Gedanken lernen wir, die Gedanken unter Kontrolle zu bringen. Zwar brechen unsere Gedanken am Anfang immer wieder aus und wollen ihr Eigenleben führen. Doch durch die stetige Konzentration auf den Atem, die Bilder oder im Gebet auch auf Gott werden die Gedanken immer wieder zurückgeführt. Bis sie langsam mir und meinem Willen gehorchen.

Wenn wir das Eigenleben unserer Gedanken abgestellt haben, sind wir auf dem Weg zurück zur Einheit. Zu dem Eins-Sein zwischen dir und mir, und damit zu dem Eins-Sein mit unserem höheren Selbst oder mit dem Eins-Sein mit Gott. Dann sind wir Gott! Wir alle, jeder von uns, ist ein kleines Stückchen von Gott. Wir nehmen es nicht wahr, doch es ist so. Wir alle machen und prägen in unseren Gedanken das höhere Selbst – Gott.

Wenn wir also in Gedanken unserer Rache, unserem Hochmut, unserem Neid nachgeben, dann wird es ein Gott der Überheblichkeit, des Neides und der Rache geben. Wenn wir uns aber bemühen, unsere Gedanken auf Liebe, den Nächsten und Dienst am anderen zu konzentrieren, dann wird dieser Gott ein Gott der Liebe und der Freude sein. Es liegt immer alles an uns. Wir wollen das nicht so gerne wahrnehmen, weil wir dann auch die Verantwortung dafür übernehmen müssen. Doch es ist so.

Wir beeinflussen mit unseren Gedanken nicht nur unser materielles Weltbild, sondern auch unsere immaterielle Welt. Deshalb ist es besser, jetzt und heute zu lernen, unsere Gedanken unter Kontrolle zu bringen, um damit auch in Zukunft das Schlechte in der Welt zu vermeiden. Jeder von uns, ohne Ausnahme, ist dafür verantwortlich!

Das Göttliche ist immer da. Wir sind nur ein kleines Teilchen von ihm. Doch ohne uns ist es nichts. Wir können zu seinem Wohlwollen und seiner Größe beitragen. Es ist ohne uns nichts, und wir sind ohne es nichts. Wir sind immer das Gleiche.

Das ist genauso mit jeder Körperzelle in uns. Jede Zelle ist wichtig. Wir entscheiden, ob es eine Krebszelle ist und damit eine Krebsgeschwür wird oder eine blühende lebende Gestalt. Doch genauso wie

die kleine Zelle in uns nicht erkennen kann, daß sie ein Teil von uns ist, können wir nicht erkennen, daß wir ein Teil des göttlichen Körpers sind.
Was wollen wir also? Das müssen wir uns immer wieder fragen. Jeder einzelne von uns hat die Entscheidung in der Hand. Wenn wir einen starken, liebenden, gütigen Gott wollen, dann müssen wir uns auch so verhalten, daß er stark, liebend und gütig in uns sein kann. Wir allein haben die Verantwortung dafür, jeder einzelne von uns.
Mit unseren Gedanken beeinflussen wir also die materielle Welt. Doch wenn wir nicht mehr hier sind, werden wir nach dem Tod drüben genau das wiederfinden, was wir uns hier gedacht haben. Unsere Gedanken begleiten uns und sind dann dort bestimmend für uns. Unsere Vorstellungen von hier werden dort genauso eine Realität sein wie hier.

Wieder ein Beispiel dafür: Wenn jemand hier an Engel glaubt und eine ganze Hierarchie von Engeln und Erzengeln aufführt, die alle ihre Aufgaben haben und zu bestimmten Zeiten wirken, dann spiegelt er eigentlich seine Vorstellungen einer Hierarchie dieser Welt nach drüben. Er wird aber nun nach seinem Tode genau das auch vorfinden. Das heißt aber für diese Person, daß er noch eine Hierarchie hier auf Erden und auch drüben braucht. Die grenzenlose Freiheit in Verantwortung und Liebe für die anderen, das totale Austauschen mit den anderen kann er noch nicht annehmen. Er ist also auf der Ebene der Engel.

Jemand anderes, der hier im Chaos und in der Nichterkenntnis lebt, wird auch dort das Chaos wieder vorfinden. Erst wenn das Gefühl in ihm aufsteigt, es muß auch etwas anderes geben, wird er sich auf die Suche machen und wieder auf Erden geboren werden. Zyklus um Zyklus wird er sich auf eine andere Ebene hocharbeiten. Bis auch er über die Ebene der Engel in die des reinen Lichts und der Liebe kommen wird. Dann können wir aufhören zu existieren, weil wir dann wieder in unserem Urzustand angekommen sind. Die Schönheit dieses Urzustandes können wir nicht ermessen.

Menschen, die sich hier jedoch noch gar keine Gedanken machen, werden auch dort in tiefer Finsternis und Unkenntnis sein.

Wir beeinflussen durch unsere Gedanken also, was wir hier haben und auch, was nach unserem Tod sein wird. Unsere Gedanken sind alles. Deshalb sollten wir lernen, unsere Gedanken unter Kontrolle zu bringen, sie zu beeinflussen und nicht willkürlich von einem Punkt zum anderen springen zu lassen. Normalerweise sind unsere Gedanken immer nur mit unseren

»kleinen« Alltagsproblemen beschäftigt. Habgier, Neid, Wollen, Rache und Haß nehmen einen großen Rahmen in unserem Leben ein. Bemühen wir uns also, Gedanken der Liebe, des Friedens, des Gebens, des Dienens und des Verzeihens einen größeren Raum in unserem Leben zu geben. Dann werden uns diese Gedanken auch nach drüben begleiten. Dann würde nicht nur die Welt hier verändert, sondern auch die jenseitige, immaterielle Welt. Fangen wir an, sie zu verändern. Jeder für sich.

Bei einigen schamanischen Trancezuständen können wir das ebenfalls erleben. Jeder erlebt das und sieht das, was er erwartet. Wer Engel und Schutzengel als Wesen mit Flügel erwartet, wird sie so sehen. Wer sie als hohe Schwingung nicht existenter Seelen erwartet, wird sie so erleben. Genau so ist es auch mit der Mutter Maria, mit Christus und mit Buddha. Sie sind Schwingungen reiner, jedoch ehemals menschlicher Liebe, die um uns sind und uns geleiten und schützen. Da sie Menschen waren, können wir uns leichter an sie wenden als an eine reine Schwingung. Sie werden aber genauso von uns wahrgenommen wie wir sie uns vorstellen – hier und drüben.

Wir sollen deshalb unsere Vorstellungen ausleben, sie jedoch auf etwas Hohes und Gutes richten. Nur so entwickeln wir uns weiter – und damit der gesamte Kosmos. Wir müssen mit dem Göttlichen in uns verschmelzen! Der Geist muß Fleisch werden, damit diese Verschmelzung stattfinden kann. Nur wenn wir eins geworden sind, können wir in der Einheit leben und benötigen nicht mehr die Dualität der Materie. Die Dualität jedoch aufzuheben, dafür sind wir hier. Die Liebe ist der Weg dazu.

In der Liebe zu einem anderen können wir mit einem Menschen verschmelzen. Wir kennen seine Gedanken, wir wollen alle seine Wünsche erfüllen, wir fühlen uns als nichts ohne ihn. So ist auch die Liebe zu dem Göttlichen in uns. Wir können seine Worte verstehen und wollen seinen Willen erfüllen. Wir sind bereit, ihm unser ganzes Sein zu geben. Das Ich, das Ego zählt nicht mehr. So muß es sein.
Darum müssen wir gut überlegen, was wir tun.

Wenn wir das Göttliche erkannt haben,
ist es immer in unseren Gedanken,
in unserem Bewußtsein, in unserem
Herzen.

Wir sind so davon erfüllt,
daß uns Äußerlichkeiten nur noch flüchtig
berühren.
Und doch dürfen wir unsere Aufgabe in
der Welt nicht vergessen.

Über das Feuer in uns

Wir müssen alle durch viele Feuer hindurch, denn durch diese Feuer werden wir geläutert, und alles Unreine wird dadurch verbrannt. Das letzte Feuer, durch das wir hindurch müssen, ist das Feuer, in dem unser Ego verbrannt wird. Erst wenn wir unser Ego, unsere persönlichen Wünsche und Vorstellungen aufgegeben haben, sind wir wirklich geläutert und bereit in eine neue Daseinsform aufzusteigen. Das meint auch die Kirche, wenn sie vom Fegefeuer spricht. Man darf nun diese Feuer nicht wörtlich nehmen, sondern muß es übertragen verstehen. Die vielen Feuer, durch die wir hindurch müssen, sind viele kleine Leiden und Kümmernisse, Angst und Sorgen, durch die wir gezwungen werden, bestimmte Aufgaben in unserem Leben, in unserer Persönlichkeit aufzugeben. Langsam, aber sicher ändern wir uns dadurch, um uns neuen Gegebenheiten anzupassen. So lange wir vom Wollen und von Wünschen geleitet werden, werden auch Feuer auf uns warten. Denn dieses Wollen wird, wenn es nicht erfüllt wird, die Ursache für unseren Kummer und unser Leid sein. Wir können meistens nicht erkennen, daß wir selbst die Ursache für unser Leid sind. Unser Wunsch nach irgend etwas, nach Besitz, nach Anerkennung, nach einem Menschen, nach Liebe, schafft die Wurzel zu unserem Leid. Erst wenn wir aufgegeben haben, etwas zu wünschen, wenn wir alles so nehmen, wie es kommt, im festen Vertrauen, daß wir alles bekommen, was wir brauchen, wird unser Leid aufhören. Selbst der Verlust eines Menschen, den wir sehr lieben, kann uns zwar sehr traurig machen, aber kein tiefes Leid verursachen. Wir müssen ihn ohnehin eines Tages gehen lassen. Getrennt werden können wir nie von jemandem. Ob eine Person nun hier ist bei mir oder nicht, spielt keine Rolle. Sie ist immer da, wenn ich es möchte. Wenn ich sie herbeirufe, dann wird sie auch um mich sein. Mein Wunsch und mein Bewußtsein entscheiden, ob ich sie wahrnehmen kann oder nicht. Wenn ich allerdings in Traurigkeit um den Verlust der geliebten Person versinke, dann bedaure ich mich nur selbst, bedaure, daß ich diesen Menschen nicht mehr haben, halten und sprechen kann. Dies ist jedoch ein egoistisches Gefühl, das mich davon abhält, den wirklichen Kontakt mit der geliebten Seele zu haben; denn mein Herz kann aufgehen in ihrer Nähe, und die Traurigkeit schwindet. Nur wer sein Herz und sein Bewußtsein öffnet, kann dieses Gefühl empfinden. Es ist natürlich sehr viel leichter, sein Herz

zu Lebzeiten einem Menschen zu öffnen. Erst wenn wir dies bei lebenden Menschen wirklich können – und von der Liebe nicht nur reden –, kann dieses Gefühl in unserem Herzen sein.
Durch das Leid, durch den Verlust, durch diese Feuer kann ein Mensch so weit gebracht werden, daß die Klammern um sein Herz verbrannt werden und es sich dann öffnen kann. Das ist nicht leicht, und das schmerzt, doch sind wir dankbar dafür. Wir müssen unser Herz den anderen öffnen, dafür sind wir hier, das ist der Sinn unseres Erdendaseins.
Für den Menschen, der Gott liebt, ist das Feuer wie reines Wasser. Wenn es Gott als etwas von uns Getrenntes nicht mehr gibt, weil wir erkennen, daß wir Gott sind, dann gibt es auch kein Feuer und kein Wasser mehr. Es ist, wie es ist, und es ist gut.

Dunkelheit kann nicht durch
Dunkelheit vertrieben werden.
Haß kann nicht durch
Haß vertrieben werden.
Nur durch Licht und Liebe.

In meiner tiefsten Not
hätte ich dich gebraucht.
Doch du warst nicht da.
Das ist der Mensch.
Gott ist immer da.
Wir müssen ihn nur rufen.
Er wartet immer auf uns.

Wer seine Krankheit und seinen Tod
nicht als ein Problem,
sondern als eine Erfahrung ansieht,
wird daran wachsen und weiterkommen.

Der Tod löst sich in ein Nichts auf,
wenn er erst einmal vor uns steht.
Genauso wie wir zu Nichts werden.

Was bleibt, ist unser Bewußtsein
von Leben und Tod,
von Vergangenheit und Zukunft.

In der Umarmung des Todes
werden wir wieder eins
mit dem ewigen Leben.

Ich bin nichts,
das Göttliche in mir ist alles.

Liebe, wahre Liebe,
ist die einzige Wahrheit,
die es gibt.

Wir müssen uns immer bewußt
zu einer Verhaltensänderung entschließen.

Wo wirkliche Liebe ist,
ist keine Furcht.
So lange wir Angst haben,
können wir nicht lieben.

Was ist unsere »Seele«?

Unsere Seelenenergie ist wie ein Fluidum in unserem ganzen Körper. Es ist außerhalb jeder Zelle, und es ist in jeder Zelle. Es ist außerhalb unseres Körpers, und es ist in unserem Körper. Der ganze Kosmos ist von dieser Seelenenergie erfüllt. Es gibt nichts, das nicht davon erfüllt ist. Auch jede Pflanze, jedes Tier, jeder Stein – alles ist davon erfüllt.

Diese Seelenenergie stellt eine bestimmte Schwingung dar. Die Höhe der Schwingung der Seelen- oder auch Lebensenergie schwankt. Die Höhe der Schwingung bewirkt, ob es belebte oder feste, unbelebte Materie ist. Wenn die Schwingung noch höher ist, kann die Materie dieser hohen Schwingung nicht mehr standhalten, und es sind dann nicht mehr verkörperte Wesen. Was wir als Engel bezeichnen sind solche hohen, nicht mehr verkörperten, aber noch gestalthaften Schwingungen.

Die höchste Energie ist von ihrer Schwingung her total neutral – weder gut noch böse, weder positiv noch negativ. Deshalb ist sie die letzte Einheit, was wir dann als das Göttliche bezeichnen. Wenn sich diese Energie in Licht- und Tonschwingungen aufteilt, dann haben wir das erste Mal Dualität, und Materie kann entstehen. Die Dualität der Materie bedingt positiv und negativ. Damit können Anziehung und Abstoßung existieren, und erst dadurch kommt es zu Verdichtungen dieser Energie. Aus diesen Verdichtungen, wenn sie groß und stark genug sind, entsteht zuerst ein Fluidum, dann eine gallertartige Masse und schließlich als erste feste Substanz Zellen. Deshalb ist das

Muster, nach dem jegliche Materie gebaut ist, immer gleich. So sind auch wir Menschen gleich in unserem Aufbau, wie alles um uns herum. Wir sind nichts anderes als fest gewordene göttliche Energie. Nach einer gewissen Zeit muß dieser Spannungszustand von positiv und negativ wieder nachlassen, und die Materie zerfällt wieder in Licht und Ton. Das ist auch der Grund, warum wir bei Eintritt des Todes wieder Licht sehen und Töne hören. Wir nennen das himmlische Sphärenmusik.
Die Materie geht dann wieder in die Einheit zurück. Das Konglomerat von Zellen zerfällt mehr und mehr, bis es wieder aufgelöst und verwandelt wird. Gleichzeitig mit dem Auflösungsprozeß, das heißt mit dem Abziehen von Energie von dem festen Bezirk, verdichtet sich die Energie an einer anderen Stelle wieder und läßt so neue Materie entstehen. Dies ist ein

dauernder Prozeß, der nie zum Stillstand kommt.
In dieser Dimension der reinen Energie gibt es keine Zeit: Es gibt kein »nie« und kein »ewig«. Es ist einfach so. Da es nichts geben kann, das nicht aus dieser Energie besteht, ist alles gleich, hat das gleiche Wissen und das gleiche Leben und ist miteinander verbunden. Nur der Ausdruck und das Bewußtwerden dieses Wissens sind verschieden. Dies ist wiederum abhängig von der Verdichtung der Energie. Nicht-verkörperte, gestaltlose Wesen haben deshalb ein höheres Bewußtsein und Wissen als wir in der Materie befindliche. Durch Öffnung unseres Bewußtseins, indem wir uns also für eine höhere Schwingung öffnen und unsere Energie erhöhen, können wir an diesem Bewußtsein teilhaben.
Das erste Zeichen für das Eintreten eines höheren Bewußtseinszustandes ist

das Sehen von Licht und Hören von Tönen. Dies sind wiederum Erscheinungen, die wir vom Sterbeprozeß her kennen. Später kommt es dann zum Bemerken von Düften und ganz zum Schluß zum Feststellen eines kühlen Windhauches.
Die Frage ist nun, warum wir uns vor dem Sterben fürchten sollen, wenn wir ja nur wieder in einen höheren Schwingungszustand der Lebens- und Seelenenergie eingehen.

Die Dualität der Materie bedingt die
Urangst vor dem Allein-Sein.
Wir erkennen das All-Eins-Sein nicht
mehr.
Die Dualität überwinden heißt,
das Verbundensein mit allem
wieder zu erkennen.
Damit ist auch die Todesangst
überwunden.

Warum gibt es auf dieser Welt Kriege?

Warum gibt es auf dieser Welt Kriege? Weil wir Menschen den geraden Weg der spirituellen Evolution nicht gehen können. Das heißt, es ist letztendlich unsere Verblendung und Dummheit, die Kriege hervorruft und nötig macht – damit wir uns durch Härte, Leiden und Hindernisse weiterentwickeln werden.

Von einem höheren Gesichtspunkt aus sind Kriege unnötig. Sie schaffen viel Leid und neues Karma für jeden. Doch ohne die Tatsache, daß wir uns dieses Leid aufladen, wären wir nicht bereit, uns weiterzuentwickeln.

Wenn im Krieg ein Mensch einen anderen Menschen tötet – auch wenn er es zur Verteidigung seines Vaterlandes, seiner

Mutter, seiner Familie tut –, lädt er neues Karma auf sich. Es ist ein anderes Karma, als wenn er aus Mordlust, Neid oder Habgier tötet, denn es geschieht im Moment des Krieges. Und trotzdem ist es falsch. Kein Mensch hat das Recht, einen anderen zu töten. Schon in der Bibel steht: »Du sollst nicht töten.« Eines von den zehn Geboten, die wir beachten sollen. Tötet er auf Befehl oder zur Verteidigung, so wird das in seiner Seele einen Lernprozeß auslösen, der später in einer anderen Inkarnation vielleicht einen Krieg verhindert.
Der Krieg und das Töten heute – ebenso wie das Getötetwerden heute –, zählt nicht. Nur die Entwicklung, die dadurch ausgelöst wird. Es wird noch viele Jahre Kriege geben. Doch eines Tages werden Kriege nicht mehr nötig sein. Dann ist dieser Lernprozeß abgeschlossen.

In jedem Krieg gibt es nicht nur Menschen, die töten, sondern auch Menschen, die getötet werden. Dadurch schafft jeder Krieg unendliches Leid für jedes Volk – für den Sieger wie für den Besiegten! Doch jeder wird dadurch lernen. Deshalb haben sich die Seelen zu diesem Lernprozeß entschlossen.
Erst wenn der Mensch erkennen kann, daß er in jedem Krieg sich selbst bekämpft und tötet, werden Kriege überflüssig.

Was wir einem anderen antun,
tun wir immer auch uns selbst an.
Erst wenn wir mit uns selbst
in Frieden leben können,
können wir auch mit der Welt
in Frieden leben.

Wir haben Gesetze bekommen,
die wir nicht mehr geachtet haben.
Jeder einzelne von uns.
Deshalb gibt es Kriege.

Der göttliche Plan

Der göttliche Plan kommt überall zum Wirken, nichts geschieht ohne ihn. Wenn wir ein ganz normales Ei betrachten, dann sehen wir die Schale, rund und so fest gebaut, daß der Inhalt geschützt ist. Trotzdem kann die Eierschale jederzeit von innen aufgebrochen werden, damit das kleine Küken oder Vögelchen, wenn es reif und bereit zum Leben ist, herauskommen kann. Doch das Küken selbst muß so weit sein, daß es von innen und mit all seiner Kraft gegen die harte Schale pochen kann, damit sie platzt und es in die große, weite Welt treten kann. Während es sich also mit aller Anstrengung dehnt und klopft, weiß es in diesem Moment noch nicht, wohin es danach kommen wird. Es kennt die Welt nicht, die auf es wartet. Im Augenblick ist für das Küken alles eng und dunkel und ungewiß. Trotzdem muß es klopfen und arbeiten, um aus seinem Gefängnis herauszukommen. Obwohl seine Schale, das Gefängnis, im Augenblick sicher für das Küken ist, will und muß es aus dem Ei heraus. Dies ist ein gefährlicher Moment für das kleine Hühnchen oder Vögelchen. Es braucht all seinen Mut und seine Kraft, um sein Gefängnis zu sprengen. Andererseits kann es jedoch gar nicht in der Schale bleiben. Dann wäre es mit Sicherheit verurteilt zu sterben und unterzugehen. Also kann es nur seine schützende Hülle verlassen.

Es hat keine Ahnung, was es außerhalb seiner Eischale vorfinden wird. Hat es jedoch endlich einen kleinen Riß in die Schale gepickt, erblickt es das erste Mal einen kleinen Lichtschein. Die ehemals vorherrschende Dunkelheit und Finsternis in der Eischale wird plötzlich durch das eindringende Licht erleuchtet. Nun strengt sich das Kleine noch mehr an und klopft und hämmert, um an das Licht zu gelangen. Es hat irgendeine wunderbare Ahnung, was da draußen auf es warten könnte. Mit aller Kraft will es jetzt heraus. So wird der Riß in der Schale immer größer und das hereindringende Licht immer stärker. Es ist fast geblendet von dem strahlenden Licht, das es jetzt erblickt. Als das Küken die Schale endlich aufgepickt hat, ist es müde und fast am Ende seiner Kraft. Stunden dauerte es, bis das kleine Geschöpf das große Werk seiner Befreiung geschafft hat.

Völlig erschöpft liegt es dann erstmals noch auf den abgefallenen Schalen und erholt sich. Ein gefährlicher Moment. Denn jetzt ist es ohne die Eihülle völlig schutzlos. Jederzeit kann es aufgefressen und zerstört werden. Doch es liegt in einem sicheren Nest, und seine Mutter, der

Vogel oder eine Henne, bewachen und beschützen es. Noch weiß das Vögelchen nichts davon. Es darf sich nach der Anstrengung erst einmal ausruhen. Mit jedem Atemzug, den es nun macht, wird es kräftiger. Es kann sich bald dehnen und strecken, seine Flügel ausbreiten, seine Federn entfalten. Wie schön ist es doch, frei zu sein! Angst kennt es nicht. Es ist ja geborgen im Schutz des Nestes und seiner Eltern.

Bald erwacht der Hunger nach all der Anstrengung, und das Küken muß weiter wachsen. Seine Eltern füttern es oder zeigen ihm, wie man Körner findet. Obwohl es in seinem Ei, in seiner Schale, nicht wußte, daß es Körner gibt, daß es picken und laufen kann, war das Bewußtsein und das Wissen darum doch schon in ihm. Sobald es sich aus seinem Gefängnis befreit und sich voll entfaltet hat, ist sein Bewußtsein so weit entfaltet, daß es alles weiß, was nötig ist, um zu überleben. Noch weiß es nicht, wie man fliegt. Jedoch ist dieses Wissen schon in ihm. Sobald es nun groß und stark genug geworden ist, daß seine Flügel es tragen können, wird ihm von seinen Eltern gezeigt, wie man fliegt. Sie machen es ihm vor, und sie schubsen das Küken aus dem Nest, damit es lernt zu fliegen.

Natürlich bedeutet das wiederum eine große Gefahr für den kleinen Vogel. Er kann abstürzen, er kann gefressen werden. Doch meistens breitet er die Flügel aus und fliegt. Wieder ist seine Welt viel größer geworden, als sie es in der engen Schale war. Mühelos hebt sich der kleine Vogel in die Höhe und jubiliert und trillert vor sich hin. Jetzt ist er frei. Alles steht ihm offen. Sicher – überall lauern Gefahren. Doch Angst kennt er nicht. Er hat das Vertrauen, daß alles gut so für ihn ist, wie es ist.

So können auch wir Menschen uns sehen. Unsere Seele, unser Sein ist in diesem Körper eingeschlossen. Unser Körper ist praktisch wie die Eischale, durch die wir uns mühsam durchpauken müssen, um endlich den Lichtstrahl zu erkennen und in die Freiheit fliegen zu können. Auch für uns ist das freie Leben das große Unbekannte und natürlich eventuell voller Gefahren. Doch wie bei dem kleinen Küken weiß etwas in uns von dem göttlichen Plan, nach dem wir genau wie das kleine Küken unsere schützende Hülle verlassen müssen, um frei zu werden, um überall hin fliegen zu können. In uns ist auch das gleiche Bewußtsein, das alles weiß, wie wir uns zu verhalten haben, um unsere Schale zu sprengen und um dann in der Freiheit leben zu können. Es ist immer schon alles in uns, selbst wenn es uns noch nicht bewußt ist. Wenn wir Flügel brauchen, um fliegen zu können, werden wir Flügel haben. Wenn wir einen Schnabel brauchen, um Körner picken zu können, werden wir einen Schnabel haben. Es ist immer alles angelegt, was wir benötigen werden. Nichts ist vergessen. Wir können es nicht sehen und wir wissen es nicht, doch es ist alles da.

Schauen wir uns doch in der Natur um, wie perfekt alles gemacht ist. Warum sollte es bei uns anders sein?

Dies ist der göttliche Plan, der überall wirkt. Er ist perfekt, er ist einfach, und er ist immer gut. Für jeden von uns. Auch wenn wir diesen Plan nicht kennen, wir können uns darauf verlassen.

Die letzte und am besten verborgene Botschaft:
Die ganze Natur ist ein Ausdruck des göttlichen Planes.

Es gibt kein Programm für das Konzert unseres Lebens.
Wir schreiben es jeden Tag, jede Stunde und jede Minute neu.
Wir schreiben es selbst,
doch unsere Hand wird geführt.

Alles ist ein ewiger Kreislauf.
Von unten nach oben und wieder
von oben nach unten.
Wasser verdunstet und steigt auf zum Himmel.
Von dort fällt es als Regen wieder herab zur Erde.
Die Nacht wird vom Tag abgelöst,
aber auch wieder der Tag von der Nacht.

Die Materie wird zum Immateriellen
und das Immaterielle wird sich wieder in
der Materie verkörpern.
Sterne kommen und vergehen.
Warum sollte es bei uns anders sein?

Nochmals über die Wahrheit

Die Wahrheit liegt nur in uns selbst, und nur wir selbst können die Wahrheit in uns finden.
Dazu müssen wir bereit sein, in uns hineinzuschauen und hineinzuhorchen. Das erfordert großen Mut von uns. Denn wir wissen nicht, was wir in uns finden. Wir können keine Ausreden mehr gebrauchen und sagen: »Der andere, die Umstände etc. sind schuld.« Nein, wir müssen die volle Verantwortung ganz allein übernehmen. Doch wir Menschen wollen immer alles übernehmen – nur nicht die Verantwortung für uns. Dann müssen wir uns selbst nämlich nackt und bloß und ohne Ausreden betrachten. Dieser Anblick von uns selbst, ohne Maske, ist für uns sehr schwer zu ertragen. Das ist der Grund,

warum wir immer wieder in Äußerlichkeiten und in Ausreden flüchten. Mit einer Maske können wir immer alles – auch die Wahrheit über uns selbst – gut zudecken. Doch irgendwann, selbst wenn es erst im Angesicht des Todes ist, müssen wir unsere Maske ablegen. Wir müssen uns dann selbst im Spiegel anschauen und Rechenschaft ablegen über unser Tun und Handeln. Dies wird als das »Jüngste Gericht« in der Bibel und in den alten Totenbüchern der Ägypter bezeichnet. Wir selbst sind die Richter über uns und unsere Taten. Wir erkennen dann unsere Fehler, und wir selbst erlegen uns unsere Strafen auf. Wir erleiden selbst das von uns verursachte Leid. Dies ist das »Fegefeuer«, von dem die Kirchen sprechen. Erst nach dieser Reinigung – »Purgatorium« – durch uns selbst, können wir die reine Wahrheit und ihre Schönheit erkennen.

Diese Wahrheit besteht in der Erkenntnis, daß wir alle eins sind. Die Dualität des Lebens und der Materie ist reine Illusion, ist »Maya«. Jeder ist ein Teil der göttlichen Ganzheit. Deshalb spiegelt auch jeder immer einen Teil von sich selbst und vom Göttlichen wider. Ob wir das nun so sehen wollen oder nicht, es ist so. Der andere spiegelt oft genau den Teil wider, den wir ablehnen und in uns nicht sehen wollen. Doch durch das Erkennen im anderen können und müssen wir uns damit auseinandersetzen und daran arbeiten. Dafür ist der andere da, und dafür sind wir für den anderen da. Alles eins und gleich, vereint im Göttlichen und doch verschieden.

Erst wenn wir die Wahrheit kennen,
können wir dankbar sein
für alles und für jeden Menschen –
was immer er auch tut.
Dies ist die schwerste Lektion,
die wir im Leben zu lernen haben.

Wir bestimmen
in jedem Augenblick selbst,
worauf wir unsere
Aufmerksamkeit richten
und wie wir
die scheinbare Wirklichkeit wahrnehmen.
Dadurch lebt jeder
in seiner eigenen Wahrheit.

Von der Grenzenlosigkeit des Seins

Unser Geist kennt keine Grenzen, und unser Bewußtsein hat ebenfalls keine Grenzen. Wir sind ein Teil der Unendlichkeit, und nur in physischer Hinsicht sind wir eingeschränkt. Hier in der Materie gibt es Pflichten und Regeln, die wir einhalten müssen. Dazu sind wir in die Materie gekommen – um unsere Aufgaben hier zu bewältigen. Hier müssen wir einen bestimmten Lernprozeß durchlaufen, den wir uns selbst vorher ausgesucht haben. Nur hier in der Materie können wir das lernen. Denn im geistigen Zustand ist alles grenzenlos, voll Licht und Liebe. Tief in uns ist deshalb immer die Sehnsucht nach der Grenzenlosigkeit des Seins. Die Schranken der Materie, die uns einengen,

sollen fallen. Wir wollen wieder in Licht und Liebe vereint sein.
Wie können wir nun wenigstens diese Schranken abbauen, die uns von der Grenzenlosigkeit des Eins-Seins abhalten? Wie können wir erkennen, daß es uns schon immer gegeben hat und daß wir immer sein werden?
Durch stetes Üben oder durch Gnade, können wir lernen, die verschiedenen Schichten einer einzigen Realität zu erkennen. Es ist alles nur eine Frage unseres eigenen Bewußtseins. Unser Bewußtsein können wir aber über das normale Bewußtsein hinaus erweitern, durch bestimmte Techniken oder durch Drogen. Diese verschiedenen Techniken bewirken immer eine Änderung der Atmung. Durch eine Verlangsamung und Abflachung der Atmung können wir unseren bewußten Verstand, unser Großhirn, ausschalten. Diese Veränderung der Atmung kann

durch eine Hyperventilation erreicht werden. Denn danach tritt ein Atemstillstand und eine Verlangsamung der Atmung ein. Auch durch verschiedene Meditationstechniken, in denen zum Beispiel der Atem beobachtet wird, verändert sich unser unbewußtes Atmen. Eine andere Möglichkeit ist die innere Atmung oder die Bauchatmung. Durch all diese Techniken wird die Atmung verändert, und es kommt dann zu einer Veränderung des Sauerstoffgehaltes im Blut. Unser Großhirn wird dadurch mit weniger Sauerstoff versorgt, und wir kommen in einen leichten Trancezustand – einen anderen Bewußtseinszustand.

Wichtig ist dabei ein totales Entspannen des Körpers. Dadurch wird kaum noch Energie verbraucht, und es sammelt sich mehr Energie im Körper an. So kommt es zu einer anderen Energie- und Erregungsleitung in unserem Körper, den Nerven und dem Gehirn. Wir kommen an die Grenzen unseres normalen physischen Wahrnehmungsvermögens. Anfangs macht uns dies Angst. Doch hat man die Angst erst einmal überwunden, kann man seine physischen Grenzen verlassen und die Grenzenlosigkeit des Seins erleben.

Wir kommen in andere Bewußtseinszustände und erhalten einen kleinen Zugang zu dem großen kosmischen Wissen, das in uns allen ist. Dieses Wissen ist die einzige Wahrheit, die es gibt. Zeit und Raum hören auf zu existieren, es gibt keine Grenzen mehr zwischen dem Ich und dem Du. Das ist wahres Eins-Sein mit allem und jedem. Wahre Grenzenlosigkeit. Das Ego ist ausgeschaltet, aufgelöst.

Hat man diesen Zustand erst einmal erreicht, fällt es einem nach dem Zurückkehren in das Normalbewußtsein viel leichter, alles nur noch relativ zu sehen. Dieses freie Bewußtsein, das gleichzusetzen

ist mit allumfassender, grenzenloser Liebe, dies in das Alltagsleben umzusetzen, das ist unsere Aufgabe hier.
Meistens erreichen wir diese Erkenntnis erst im Augenblick des Sterbens, da wir durch die veränderte Atmung im Verlauf des Sterbeprozesses, kurz vor dem Tod in denselben Bewußtseinszustand gelangen. Dann ist es allerdings zu spät, dieses Wissen noch im Leben anzuwenden. Deshalb wäre es für uns Menschen sehr wichtig, diesen »kleinen Tod« schon früher zu üben. Hat man die Angst, die bei der Veränderung der Atmung erstmals auftritt, überwunden, dann hat man wahrhaftig die Todesangst überwunden.
Wovor sollten wir noch Angst haben?

Was wir behalten wollen,
werden wir verlieren.
Nur was wir hergeben können,
kann bei uns bleiben.
Das ist mit allem so –
mit Menschen und mit unserem Leben.

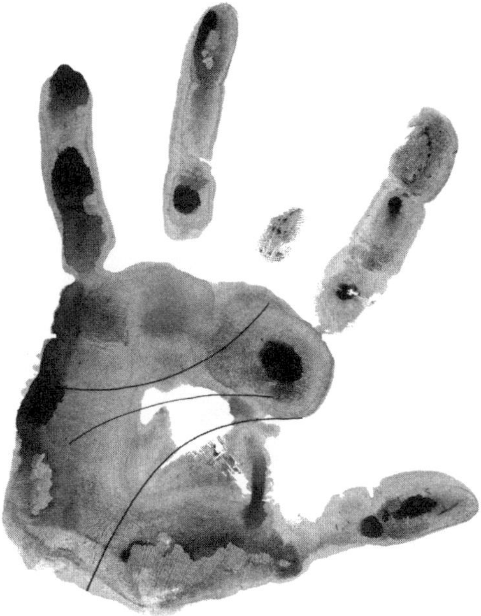

Was ist das Ziel unseres Lebens?

Jeder Mensch steckt sich sein Ziel für das Leben selbst, und er wird es auch erreichen. Weiter kann er nicht kommen, auch wenn man es sich nachher wünschen würde. Das bleibt einem neuen Spiel, einem neuen Leben vorbehalten. Doch dazu müssen die Karten des Lebens neu gemischt werden. Und die Steine im Spiel neu gesetzt werden.
Auch in der Beziehung von Menschen zueinander ist das so. Jede Beziehung hat ihre Bedeutung und hat ihr Ziel zu erreichen. Worin die Bedeutung auch immer liegen mag. Sie kann in einer kurzen Begegnung oder in einer lebenslangen Ehe bestehen. Wenn das Ziel erreicht ist, werden die Karten neu gegeben. Ein neues Spiel beginnt. Bis man die Regeln be-

herrscht. Egal, wie lange es dauert. Das ist der ewige Kreislauf des Lebens.
Von uns aus das Spiel zu beenden und auszubrechen aus diesem Kreislauf, das ist uns nicht erlaubt. Denn sonst stehen wir draußen und schauen den anderen zu, sind Spielverderber. Es dauert dann lang, bis wir wieder mitspielen dürfen. Darum sollten wir uns hüten, Spielverderber zu werden. Selbst dauernde Verlierer hat man gerne. Denn sie sind nötig, damit andere gewinnen. Im Spiel sind wir Teil einer Gemeinschaft, Teil eines großen Ganzen. Das zu erkennen und zu lernen ist unser Ziel.
Eins zu werden mit den anderen, Teil eines Ganzen zu werden, macht uns Angst, und es ist doch unsere Bestimmung.
Hier zu sein auf dieser Erde und uns bewußt zu werden, das ist unsere Aufgabe. Dieses wachsende Bewußtsein auf der Erde in der Materie auszuleben, ist je-

doch die Schwierigkeit. Besonders am Anfang ist es schwer. Das veränderte Bewußtsein ist noch so neu, und der Verstand streitet sich dauernd mit ihm herum. Denn unser logischer Verstand, vom Großhirn geprägt, will seine Vorherrschaft nicht aufgeben. Nun brauchen wir unseren Verstand natürlich hier auf Erden, um in der Materie zu überleben. Doch wir müssen es lernen, unseren Verstand und den dadurch geprägten Wunsch nach persönlichem Wohlergehen aufzugeben. Denn nur wenn wir unser Ego, das persönliche Streben, aufgeben, können wir mit allem und jedem verschmelzen. Wir werden eins mit allem. Persönliches Streben hört auf. Wir sind nur noch. Ganz einfach und doch so schwer.
Unser Körper sträubt sich, will nicht loslassen. Der Verstand sträubt sich, bäumt sich auf und argumentiert. Er dreht sich im Kreis und will sich nicht geschlagen

geben. Wir brauchen den Verstand, und trotzdem ist er das größte Hindernis auf unserem Weg zu uns selbst und zu unserer Einheit. Bewußt loszulassen und mit allem zu verschmelzen, ist unsere Aufgabe. Jedoch macht uns das Angst. Wie die Angst vor dem Tod. Und doch muß auch diese letzte Angst besiegt werden. Es bleibt uns keine Wahl. Das Materielle stirbt, der Geist, das Bewußtsein, bleibt. Dies schon zu Lebzeiten zu erreichen, schon vor dem Tod, das ist die höchste Aufgabe, der wir uns stellen können. Das Materielle zählt nicht, nur das reine Bewußtsein, aus dem und durch das alles existiert.

Danach zu streben, dieses Bewußtsein hier zu verwirklichen, das ist das Ziel unseres Lebens.

In der Einfachheit des Seins
den Sinn des Da-Seins zu entdecken,
darum sind wir hier.

Es gibt keine Vergangenheit
und keine Zukunft,
es gibt nur das Jetzt.
Darum lebe jetzt.

Man kann nie etwas gewinnen,
ohne gleichzeitig auch etwas zu verlieren.

Haben wir schon einmal gelebt?

Haben wir schon einmal gelebt? Ja und nein.

Reinkarnation – Wiedergeburt zu verschiedenen Zeiten – ist an die Zeit gebunden. Da es aber in Wirklichkeit keine Zeit gibt, kann es in diesem Sinne keine Wiedergeburt geben. Alles ist jetzt und ewig. Alles ist immer in uns.

Die Bilder, die wir bei der Reinkarnation sehen, sind verschiedene Ebenen unseres Bewußtseins. Sie sind immer da, auch schon die Bilder der Zukunft – also eine sogenannte Präkarnation. Doch wir können sie normalerweise nicht erkennen.

In dem man sich mit verschiedenen Techniken in andere Bewußtseinszustände versetzt, können diese Bilder in unsere Wahrnehmung gelangen, und es werden die

Erinnerungen an frühere, vergangene Zeiten abgerufen. Doch es sind nur Bilder einer tieferen Ebene unseres Seins. Wir können nun bei diesen Reinkarnationen sehen, daß Menschen ein Problem, das sie hier und heute haben, schon zu anderen Zeiten, an anderen Orten hatten. Und sie werden es noch so lange haben – wo und wann es auch sei –, bis sie es lösen können. Unsere Seele wird immer wieder mit diesem Problem beschäftigt sein, bis sie es absolviert hat.

Das Leben hier in der Materie ist die Schulklasse, in die wir gehen müssen, um etwas zu lernen. Wenn wir unser Klassenziel nicht erreichen, das gesteckte Lernziel also nicht absolvieren können, dann müssen wir es eben zu einer anderen Zeit und in einem anderen Körper, also auf einer anderen Ebene, wiederholen. Das ist ein globaler Prozeß und kein persönlicher.

Die Seele dehnt sich nach dem Lösen vom Körper wie eine Wolke aus. Dabei hat jedes Tröpfchen, jedes Teilchen dieser »Wolke« die gesamte Erinnerung an das vergangene Leben. Nach einem gewissen Lernprozeß im nicht verkörperten Zustand entschließt sich die Seele, erneut zu inkarnieren. Sie zieht sich jetzt aus vielen Teilchen der Wolke all das zusammen, was sie braucht, um in einem neuen Leben und in einem neuen Lernprozeß in der Materie die alten Probleme zu bearbeiten.

War ein Mensch in seinem Leben zum Beispiel sehr neidisch, so wird sich die Seele nun gleichzeitig mit dem Neid auch Anteile eines gütigen, großzügigen, sich mitfreuenden Menschen zusammenziehen. Jeder Mensch hat immer beide Seiten in sich. Neid und Mißgunst oder Güte und Anteilnahme. Nur durch die Vereinigung beider oder vieler Anteile in sich selbst kann es dann zu einer Weiterentwicklung kommen. In der neuen Inkarnation werden nun auch die anderen neu aufgenommenen Anteile ausgelebt werden. Da also verschiedene Seelenanteile zusammengezogen wurden, kommt es mit jeder neuen Inkarnation einer Seele zu einer Evolution von vielen Seelen. Das ist globale Evolution.

Dies erklärt auch, warum so viele Menschen meinen, früher schon einmal Kleopatra oder ein Jünger von Jesus gewesen zu sein. Eigenartigerweise gibt jedoch kaum ein Mensch an, früher Christus, Hitler oder Judas gewesen zu sein – obwohl wir alle auch Anteile von Christus wie von Judas in uns haben. Beide Seiten sind in jedem von uns. Doch das eine wollen und das andere können wir nicht wahrhaben. Wir können nicht nur das Gute verkörpern wie es Christus, Buddha und Mohammed als weit entwickelte

Menschen taten. Doch es ist in jedem von uns als Teil seiner Anlage vorhanden. Wir wollen natürlich auch nicht nur das »Böse« ausleben, wie ein Massenmörder wie Hitler. Doch auch das ist in jedem von uns. Diese Erkenntnis soll uns vor Hochmut und Überheblichkeit schützen. Jeder ist auch ein Teil von mir. Diese Erkenntnis bewirkt, daß wir in diesem Leben – bei der Bewußtwerdung der früheren Leben – andere Menschen als Bruder, Freund, Mutter etc. wiedererkennen. Dieser erkannte Freund hat mit mir zusammen – als Seele – in einem Körper schon viele Leben zusammen verbracht. Wir haben schon viele Probleme zusammen gelöst, und damit wir auch dieses Mal weiterkommen, haben wir uns entschieden, wieder in die gleiche Klasse zu gehen. In dem anderen sind viele Seelenanteile von ihm wie von mir. Dadurch kann er mir und kann ich ihm helfen. Jeder ist immer für den ande-

ren da. Auch in Situationen, in denen wir das nicht erkennen können.
Selbst der Mörder meines Kindes hatte eine Aufgabe in seinem und in meinem Leben zu erfüllen. Mein Kind hatte sich aber ebenfalls dazu entschlossen. Das ist für uns hier schwer zu verstehen, doch es ist so. Wer heute etwas Negatives macht, gibt mir die Chance zu lernen. Er wird seine negative Tat wieder ausgleichen müssen. Doch auch diese Tat ist wichtig. Denn es gibt nichts Sinnloses auf dieser Welt. Wir wissen dies alles nicht. Dies ist auch mit dem Ausspruch von Christus am Kreuz gemeint, als er sagte: »Vater vergib ihnen, denn sie wissen nicht, was sie tun.«
Unser Wissen hier ist begrenzt durch unsere fünf Sinne, durch unsere Aufnahmefähigkeit, durch unser Gehirn. Doch ein allumfassendes Wissen, das an keine Materie gebunden ist, ist ebenfalls in uns.

Wir können es uns nur nicht bewußt machen, es nicht abrufen. Nur in veränderten Bewußtseinszuständen, durch Meditation, Nahtodeszustände, Drogen etc. gelingt es uns, Zugang zu diesen Ebenen unseres Bewußtsein zu erhalten.
Es ist immer alles in uns. Nichts geht verloren, nichts ist sinnlos. Unser Bewußtsein ist immer und ewig. Deshalb wird es sich immer wieder in die materielle Ebene begeben, um die materielle Ebene zu verändern.

Sich bewußt zu sein heißt,
die Aufmerksamkeit
auf den gegenwärtigen
Augenblick zu lenken.
Jetzt bin ich hier.
Körperlich und mit meinen Gedanken.
Nur das Jetzt zählt.
Es gibt nichts anderes.

Ich bin, der war,
der ist und der sein wird.
Immer und ewig, zu allen Zeiten.

Was heißt Vertrauen?

Wir werden geboren mit einem Urvertrauen. Mit dem Vertrauen, daß alles gut und richtig für uns ist. Wir können auch nicht anders als vertrauen, da wir nichts anderes kennen. Wir sind eins mit allem. Es kann nur gut sein.

Wir sind zurückgekehrt in dieses Leben, doch wir kennen noch die Grenzenlosigkeit des Seins. Es kann nichts anderes in uns sein als Vertrauen. Eine Macht, die größer ist als wir selbst, hat uns jetzt, zu diesem Zeitpunkt, hierher gebracht. Alles hat seinen Sinn, was immer auch geschehen wird. Wir vertrauen dieser Macht, die nicht außerhalb von uns, sondern in uns selbst ist.

Wie könnten wir zu etwas kein Vertrauen haben, das in uns selbst ist? Dann wären wir nicht da. Vertrauen bedeutet also auch eins sein mit der höheren Macht in uns.

Nun beginnt der Kreislauf des Lebens. Wir erkennen uns als von den anderen getrennt. Der andere kann unsere Wünsche, unsere Lebensbedürfnisse zunächst erfüllen – oder nicht. Er kann uns Nahrung, Wärme, Liebe geben – oder verweigern. Wir sind von dem anderen abhängig und müssen ihm vertrauen, da wir sonst nicht überleben können.

Werden wir mit allem, was wir zum Leben brauchen, versorgt, dann bleibt unser Vertrauen in den anderen, in das Du bestehen. Eine gute Basis für das Leben wird geschaffen. Selbst wenn wir später von einem Menschen enttäuscht werden – und das wird uns zwangsläufig irgendwann passieren –, haben wir immer noch das Vertrauen in uns selbst, und wir fühlen uns trotzdem liebenswert. Wird unser Vertrauen enttäuscht, wenden wir uns von diesem Menschen ab und schenken unser Vertrauen einem anderen.

Manchmal erkennen wir auch, daß wir uns selbst getäuscht haben und unser Vertrauen nicht mißbraucht wurde. Wenn unser Zweifel dann beseitigt ist, bleibt meistens ein tieferes Vertrauen bestehen als zuvor. Wir sind durch eine Belastungsprobe hindurch gegangen, und die Basis unseres Vertrauens ist dadurch noch fester geworden.

Wird jedoch unser erstes Vertrauen enttäuscht, werden wir als Kinder von unseren Eltern oder unserer Umgebung nicht geliebt und nicht versorgt, dann fühlen wir uns nicht angenommen. Wir können uns dann nicht in einem anderen Menschen spiegeln, wir können uns nicht selbst erkennen. Wir sind von der Einheit getrennt und fühlen uns allein und verlassen. Es kann keine Selbstidentität, kein Vertrauen in sich selbst oder in den anderen aufgebaut werden.

Wer sind wir? Nichts und niemand. Unser Selbstwertgefühl, unser Selbstvertrauen kann sich nicht entwickeln. Eine wichtige Basis für unser Leben fehlt.
Wir werden nun zwangsläufig immer nach jemand suchen, der uns Bestätigung gibt. Der uns sagt, daß wir liebenswert, daß wir gut sind. Wir werden von dieser Bestätigung abhängig werden. Wir werden alles tun, damit der andere uns wahrnimmt. Dies kann bis zur Selbstaufopferung gehen. Nichts ist zu schwer oder zu viel für uns, um es für den anderen zu tun. Im negativen Fall kann dies aber auch umschlagen in Boshaftigkeit. Dann schade ich dem anderen und füge ihm und mir Schmerzen zu, damit er mich wahrnimmt – besser im Haß beachtet zu werden als überhaupt nicht. Dies erklärt die Haßliebe mancher Menschen zueinander, die nicht von einander lassen können. Wo das Vertrauen in sich selbst zerstört ist, kann

auch keine Basis für ein Zusammenleben sein.
Interessant, daß auch in dem Wort Trauung der gleiche Wortstamm enthalten ist wie in dem Wort Vertrauen. Mit dem Wort Trauung wird ausgedrückt: »Ich habe Vertrauen zu Dir für ein ganzes Leben und auch Vertrauen zu mir, daß ich Dich nicht enttäuschen werde.« Wir machen uns die Bedeutung dieses Wortes heute nur nicht mehr klar. Denn wie oft wird das Vertrauen dann gebrochen, unser Versprechen nicht eingehalten und die Trauung durch eine Scheidung beendet!
Die Lieblosigkeit in unserer Gesellschaft hat dieses mangelnde Vertrauen in uns selbst und in den anderen bewirkt. Die Auswirkungen sind für jeden von uns spürbar – und zwar schmerzlich spürbar. Wahres Glück, Frohsinn und Lachen kann nur entstehen, wenn ein tiefes Vertrauen in das Leben an sich besteht.

Wie kann dies wieder geändert werden? Wir müssen an die Basis zurückkehren und erkennen, woher unser mangelndes Vertrauen kommt. Wenn wir sehen, daß es mangelnde Liebe in unserer frühesten Kindheit war, dann müssen wir versuchen, genau diesen Mangel an Liebe wieder auszugleichen. Wir als Erwachsene müssen unser Herz einem anderen Menschen öffnen. Ganz bewußt. Denn wenn unser Herz für einen anderen offen ist, wird sich auch das Herz des anderen öffnen. Wenn ich selbst liebevoll auf einen anderen zugehe, dann sind die Chancen sehr gut, daß sich auch der andere mir liebevoll zuwendet. Kann es dieser Mensch aufgrund seiner eigenen Geschichte vielleicht nicht, weil er selbst zu verwundet ist, bleibt mein Herz trotzdem weiter für ihn offen; doch ich schaue nach anderen Menschen, die meine Liebe erwidern können.

Was wir selbst im Herzen haben, werden

wir auch immer im Herzen der anderen finden! Mit dieser Sicherheit können wir ein Vertrauen in uns und in die anderen aufbauen, das wir ursprünglich nicht hatten.

Durch mangelnde Liebe in unserer Kindheit sind wir also nicht dazu verdammt, den Rest unseres Lebens lieblos und ohne Vertrauen zu verbringen. Es ist unsere Entscheidung, was wir tun – ob wir Liebe in unserem Herzen haben und glücklich sind oder nicht. Es liegt an uns, nie an einem anderen. Der andere spiegelt nur unser Gefühl wieder. In dem Spiegel des anderen können wir uns erkennen.

Vertraue darauf, daß es so ist und es kann der Beginn deines Vertrauens werden.

Glauben können heißt vertrauen können.
Nur wer vertrauen kann,
kann auch lieben –
Vertrauen, Glaube und Liebe sind eins.
Doch die Liebe ist das Höchste.

Was sind Engel?

Engel sind die nicht-verkörperten Anteile von uns im Universum. Wenn wir uns entscheiden, wieder zu inkarnieren, ziehen wir Anteile von uns zusammen. So wie Regentropfen zusammen in eine Vertiefung in der Erde fallen und wieder eine Pfütze, einen See oder einen Teich bilden, so strömen auch bei uns wieder viele alte Anteile in einem neuen Topf, in einem neuen Körper zusammen. Doch selbst nach einem Regenschauer bleiben noch Wolkenanteile am Himmel. So bleiben auch Anteile von uns noch im nichtkörperlichen Raum.

In der Materie ist der Dualismus. Dies bedeutet, daß Schwingungsanteile von einer sehr hohen und reinen Schwingung mit Anteilen, die sehr viel niederer sind, zusammentreffen. Dies macht die zwei Seiten in jedem Menschen aus. Es ist nur eine Frage des Gegenübers, welche Seite mehr gespiegelt wird und ob sich dann ein höhere oder eine niedere Schwingung darstellt, ob dann der Mensch – und zwar jeder Mensch – die gute oder schlechte Seite in sich auslebt.

Die nicht-verkörperten Anteile, die eine sehr viel höhere Schwinung besitzen, bleiben um uns herum und begleiten uns unser ganzes Leben. Sie versuchen immer wieder, uns in eine höhere Schwingung zu bringen. Dies sind unsere sogenannten Schutzengel – unsere ganz persönliche Begleitung zu unserem Schutz, als Hilfe für unsere Weiterentwicklung.

Leider verlieren wir sehr häufig – sobald wir erwachsen sind – die Verbindung zu unseren Schutzengeln. Oft sehen Kinder noch ihre Schutzengel, und deren Funktion ist leicht zu erkennen: Sie bewahren

sie vor vielen kleinen und großen Unfällen im Laufe ihrer Kindheit. Außerdem geben sie ihnen den Mut zum Leben.
Je älter wir werden, desto stärker leugnet unser Verstand etwas, das wir nicht sehen können. Deshalb gibt es dann keine Engel mehr für uns. Gleichwohl wirken die nicht-verkörperten Seelenanteile weiter auf uns ein und versuchen, uns zu helfen. Wenn wir in einer Gefahrensituation sind, machen wir manchmal »intuitiv« das Richtige. In Wahrheit ist es aber das Eingreifen oder das Einwirken dieser höheren Schwingung um uns, die uns vor etwas Schlechtem oder einem Unglück bewahrt.
Diese Schwingung von nicht-verkörperten Anteilen kann auch auf andere Menschen einwirken und sie dazu bringen, zu unserem Retter, zu unserem »Engel« zu werden. Deshalb fühlen wir uns auch immer gut, wenn wir als Objekt dieser Schwin-

gung benutzt werden und unsere eigene Schwingung dadurch kurzfristig erhöht wird.
Genauso sind sehr niedrige Schwingungen um uns herum, die versuchen, unsere eigenen Schwingungen herabzusetzen. Dies nennen wir dann »Teufel«. Diese Schwingungen veranlassen uns zu negativen Taten, die uns kein Glück bringen können. Sie sind genauso real um uns herum wie die Engel. Wir müssen uns sehr hüten, uns von ihnen beeinflußen zu lassen, da sie nie etwas Gutes bringen können. Selbst wenn wir dies am Anfang vielleicht meinen. Aus etwas Unrechtem kann nie etwas Gutes werden. Dieser Versuchung müssen wir immer widerstehen.
Neben diesen nicht-verkörperten Seelenanteilen von uns sind noch weiter Seelenanteile von Verstorbenen um uns, die uns zu Lebzeiten gekannt und geliebt haben. Auch sie können als Engel für uns auf

Erden wirksam werden. Durch ihr positives Eingreifen, durch ihre Liebe im nichtverkörperten Zustand können sie für ihre nächste Inkarnation ihre eigene Schwingung erhöhen.
Auch sie sind Engel, die uns umgeben. Durch Erhöhen unseres eigenen Bewußtseins können wir Kontakt mit ihnen aufnehmen. Sie geben uns klare Botschaften, Warnungen, Hilfestellungen.
Weiter von uns entfernt sind noch höhere Schwingungen, die nur indirekt auf uns einwirken können. Ihre Schwingung ist zu hoch für uns. Noch höhere Schwingungen bezeichnen wir als Erzengel. Bis wir zu dem Engel gelangen, der mit flammendem Schwert das Paradies bewacht.
Wir müssen uns dies als Bild vorstellen. Diese Schwingung ist so hoch, so rein, schon so nahe an der reinen Liebe, dem reinen Licht, daß sie dies schützend umgibt. Wir können in dieses reine Licht, in

die Einheit mit dem Göttlichen, in die reine Liebe erst eintreten, wenn unsere eigene Schwingung immer weiter durch viele Inkarnationen und Engels-Dasein erhöht wurde. Dann erst können wir wieder eins werden mit dem Göttlichen.

Dies war bei Christus der Fall, und dies meinte er mit dem Ausdruck »Ich und der Vater sind eins«. Wir alle sind ebenfalls eins mit der göttlichen Liebe, und wir alle können und werden eines Tages in das Paradies zurückkehren. Doch erst wenn wir alle materiellen Belastungen abgestreift haben.

So wie die Wolke am Himmel als Regentropfen herabfällt und vom Meer wieder verdunstet und zum Himmel aufsteigt, so sind wir im Kreislauf des Lebens eingebettet – selbst nur Schwingung und von Schwingungen umgeben. Menschen, Engel, Teufel sind alles nur verschiedene An-

teile eines einzigen Ganzen, das zu groß für unser Erkennen ist.
Wir müssen uns nur in der Natur und im Kosmos umschauen, dann liegt alles ganz klar vor unseren Augen. Wer Ohren hat zu hören, der kann hören. Wer Augen hat zu sehen, der kann sehen. Es liegt nur an uns.

Das Göttliche offenbart sich überall.
In jeder Zelle in uns,
in jedem Sandkorn,
in jedem Sonnensystem und
in jedem Kosmos.
Alles ist gleich.

Über unsere Angst

In dem Moment, in dem wir uns entschließen, wieder in die Materie, wieder in die Schulklasse zu gehen, müssen wir uns von der Einheit, in der wir uns mit allen Seelen befinden, trennen. Dies fällt uns schwer, und so entsteht das erste Mal in uns das Gefühl der Trennung. Wir werden von der uns umgebenden Einheit getrennt. Die Harmonie der uns umgebenden Schwingung ist gestört.

Zunächst sind wir dann noch im Leib unserer Mutter. Wir sind noch mit einer Seele – jetzt schon körperlich, materiell – eng verbunden. Doch haben wir bereits eine eigene Schwingung, die von der uns umgebenden verschieden ist. Je nachdem, ob wir als Kind nun gewünscht und geplant waren oder vielleicht gar nicht erwünscht sind, kann diese Schwingung sehr harmonisch oder disharmonisch sein. Wir empfinden in der Gebärmutter jedoch schon sehr stark das Gefühl des Getrenntseins von der Einheit. Wir empfinden uns als allein seiend. Das ist kein schönes Gefühl für uns, und so entsteht im Laufe unserer weiteren Entwicklung die Angst in uns, wie das weitergeht. Die Angst vor weiteren Trennungen, vor weiteren disharmonischen Schwingungen, kurz: die Angst vor dem Alleinsein ist entstanden. Durch den Geburtsvorgang werden wir aus unserer Hülle, aus unserem schützenden Käfig, herausgepreßt. Mit dem Durchtrennen der Nabelschnur sind wir von jedem anderen Wesen in der Materie getrennt. Mit dem ersten Atemzug beginnt das Vergessen an den nicht verkörperten Zustand. Wir empfinden uns als allein, schutzlos, kalt. Unser erster Schrei, mit dem wir unsere Lungen füllen, drückt den

Schmerz um den Verlust der Einheit aus. Die Angst vor der Trennung von anderen, von der Einheit, vor dem Verlust unserer schützenden Hülle, die Angst, allein zu sein, das ist unsere erste Angst. Normalerweise werden wir jedoch mit Liebe empfangen. Liebevoll kümmert sich unsere Mutter um uns. Wir werden gewärmt, gehegt, gewiegt, wir bekommen Nahrung. Durch diese ursprüngliche Liebe der Mutter, der Eltern, der Umgebung, die uns entgegengebracht wird, fühlen wir uns wieder in einer harmonischen Schwingung. Wir können unser Leben hier beginnen. Dies erklärt auch, warum viele Neugeborenen sich entscheiden, wieder zu gehen, wenn sie keine liebevolle Umgebung vorfinden.

Wir entdecken, daß Liebe das Allein-Sein erträglich macht. Wir entdecken die Lust der harmonischen Schwingung mit einem anderen Lebewesen.

Doch die Liebe ist nicht immer da. Sie kann uns entzogen werden, und wir wissen noch nicht einmal, warum. Wir öffnen die Augen und erkennen den anderen als getrennt. Er kommt und geht, er gibt mir Nahrung, Wärme und Liebe. Ich bin abhängig von ihm und seiner Zuneigung. Ich lerne, wenn ich lächle oder spreche, dann bleibt er bei mir, und er kommt, wenn ich schreie. Die Liebe wird konditioniert. Sie wird Bedingungen unterworfen. Meine Umgebung und ich, wir stellen beide Bedingungen an die Liebe. Damit entsteht als nächstes in uns die Angst vor dem Verlust der Liebe. Wieder ein weiterer Schritt der Trennung von etwas.

Da mit Liebesentzug in unserem Menschen-Dasein die Erziehung erfolgt, werden wir ständig damit konfrontiert. Wir bekommen Angst vor der Trennung von einem Menschen.

Später erkennen wir, daß wir auch noch

von viel mehr getrennt werden können. Von unserem Wohlbefinden zum Beispiel. Wir lernen den Schmerz kennen, den körperlichen und den seelischen. Wir bekommen Angst vor Schmerzen.
Interessant, daß in dem Moment, wo uns jemand liebevoll in den Arm nimmt oder die Mutter die Hand auflegt, der Schmerz nicht mehr so schlimm ist und vergeht. Ein Zeichen dafür, daß die harmonische Schwingung der Liebe Schmerzen auflösen kann.
Wir lernen in unserer frühesten Kindheit, daß wir uns nicht mehr wohl fühlen, weil wir von unserer Gesundheit getrennt sind. Genau wie die Liebe haben wir auch unsere Gesundheit am Anfang als selbstverständlich genommen. Auch von ihr können wir getrennt werden. Wir bekommen Angst vor Krankheiten.
So entstehen auf Grund von unseren Erfahrungen mehr und mehr Ängste in uns.

Wir können von unseren Sachen, unseren Spielsachen getrennt werden. Die Angst vor dem Verlust von materiellen Gegenständen entsteht in uns.
Eines Tages entdecken wir durch die Erfahrung des Todes, den ein Tier oder ein Familienmitglied erleidet, daß auch unser Leben nicht immer selbstverständlich da ist. Auch wir können von unserem Leben getrennt werden. Die Todesangst, unsere schlimmste Angst, ist entstanden. Fast jeder Mensch erinnert sich daran, wann er das erste Mal mit dem Tod konfrontiert wurde und wie die Angst dabei in ihm aufstieg.
Oft ist diese Angst jedoch so groß, daß man sie gar nicht in sein Bewußtsein läßt und sie total verdrängt. Man lebt, wie wenn man ewig leben würde. Andere Ängste werden vorgeschoben. Unser Bewußtsein läßt die Angst vor Höhe zu, denn das kann ich vermeiden. Dann klet-

tere ich eben auf keinen Turm. Oder die Angst vor Menschen, dann vermeide ich eben Menschenansammlungen. Angst vor Krankheit, dann gehe ich in kein Krankenhaus und vermeide den Kontakt mit Kranken.

Mir solchen oberflächlichen, leichten Ängsten können wir uns auseinandersetzen. Wenn aber unsere Angst vor dem Allein-Sein uns davon abhält, uns in Liebe einem Menschen zuzuwenden, dann können wir das nur schwer erkennen. Genau dies ist jedoch der Grund für die Lieblosigkeit, die unter uns Menschen oft herrscht. Wir flüchten uns in oberflächliche Beziehungen – so können wir nicht verletzt werden, wenn der andere uns verläßt. Wir gehen unserer Angst jedoch nicht auf den Grund.

Wir flüchten uns in ein oberflächliches Leben, das nur aus Äußerlichkeiten besteht; so wird unsere Todesangst ver-

drängt. Das Glück und die Schönheit des Lebens können wir dabei jedoch nicht empfinden. Alles bleibt an der Oberfläche, und darunter sitzt die Angst.
Keiner zeigt dem anderen mehr, daß er verletzlich ist, daß er schwach ist, daß er sterblich ist, daß er Angst hat. Nur wenn wir jung, gesund und erfolgreich sind, haben wir unsere Angst im Griff.
Indes: Die Angst hat uns im Griff. Wir merken es nur nicht. Tief im Inneren wissen wir, daß wir alles verlieren können. Unseren Reichtum, unsere Freunde, Liebhaber, Gesundheit, Liebe. Alles. Nichts wird uns bleiben, was wir hier haben. Nicht einmal unser Leben.
Im Verlauf unseres Lebens werden wir zwangsläufig mit den Verlusten der verschiedensten Art konfrontiert. Ehepartner, Gesundheit, Jugend, Kinder – alles kann gehen. Unsere schlimmsten Ängste werden langsam wahr. Dabei stellen wir

fest, daß in dem Moment, in dem wir etwas aufgeben und loslassen müssen, die Angst vor dem Verlust vorher viel schlimmer war als der Verlust selbst.
So bleibt zum Schluß nur noch die Angst vor Schmerzen, dem Allein-Sein und dem Tod. Dies sind auch die Ängste, die von sterbenden oder schwer kranken Menschen immer geäußert werden. Doch in dem Augenblick, wo wir den Schmerz akzeptieren, läßt er nach. Wenn das Allein-Sein akzeptiert wird, wird das Eins-Sein erfahren. Vielleicht nicht mit dem Ehepartner oder Liebhaber, aber mit anderen, fremden Menschen. Sie sind dann keine Fremden mehr.
Wenn das Sterben bewußt erlebt werden kann, verliert auch der Tod seinen Schrecken. Da es nie ein Ende gibt – warum sollen wir Angst vor ihm haben?
Je früher wir das im Leben erkennen, desto früher können wir unsere ganzen

vorgeschobenen und wahren Ängsten abbauen. Bereit sich von allem zu trennen, können wir uns jetzt wahrhaft daran erfreuen. Alles wird uns verlassen, selbst das Leben. Warum also Angst davor haben? Denn nichts, was wirklich zählt, kann uns genommen werden. Unser ewiges Sein, unser ewiges Leben.

Hölle, wo ist dein Stachel,
Tod, wo ist dein Sieg?
Jeder wird den Tod so erleben,
wie er ihn sich vorstellt.
Es gibt kein Ende,
nur Übergänge
in neue Daseinsformen.

Unsere Wahrnehmung

Unser Leben wird hauptsächlich davon bestimmt, was wir wahrnehmen. Je mehr ich selbst in meinem Ego verhaftet bin, um so weniger kann ich den anderen wahrnehmen. Denn mein Ego spiegelt sich immer nur in anderen. Erst mit der Loslösung des Egos kann ich den anderen erkennen.

Mit unseren fünf Sinnen – hören, schmekken, riechen, sehen und tasten – nehmen wir die materielle Welt wahr. Je nachdem, welches Sinnesorgan am besten ausgeprägt ist, ist es für uns sehr wichtig, wie etwas schmeckt, wie es riecht, sich anfühlt oder aussieht. Auch unsere Wahrnehmung von Menschen ist dadurch geprägt. Wir sprechen dann davon, ob wir einen Menschen riechen können oder nicht, ob wir sein Bild vor Augen haben oder eventuell nicht vergessen können, ob wir ihn noch neben uns fühlen können, den Ton seiner Stimme noch im Ohr haben etc. Wir drücken damit nur aus, welcher Sinn bei uns angesprochen wird, und wie wir durch diesen speziellen Sinn den anderen wahrnehmen.

Nun gibt es aber noch eine andere Wahrnehmung, die nicht auf unsere fünf Sinne beschränkt ist. Wir sprechen dann von Intuition, Bauchgefühl usw. Damit drükken wir aus, daß wir etwas wahrnehmen, was nicht über unsere fünf Sinnesorgane zu uns gelangt. Was ist das? Und wovon hängt diese Wahrnehmung ab?

Es ist nur eine Frage unserer Bewußtheit, ob wir eine Wahrnehmung, die nicht über Auge, Nase, Ohren, Zunge und Hände zu uns kommt, aufnehmen können oder nicht.

Wenn wir geboren werden, können wir am

Anfang noch nicht sehen. Wir erkennen nur hell und dunkel, können aber die Bilder in unserem Gehirn nicht benennen. Wir können das Gesicht, das sich liebevoll über uns beugt, nicht als das unserer Mutter erkennen. Trotzdem nehmen wir die Liebe wahr, mit der sie uns auf den Arm nimmt oder ansieht. Wir nehmen auch die Hektik wahr, wenn sie keine Zeit hat, oder den Ärger, wenn sie sich Sorgen macht.
Wir hören Töne, können aber die Laute noch nicht unterscheiden. Wir verstehen die Worte noch nicht, da wir sie noch nicht gelernt haben. Trotzdem nehmen wir die Harmonie von Tönen wahr. Wir reagieren auf liebevolle Stimmen, auf Singen, auf Musik. Genauso reagieren wir auf Schreien und Lärm. Wir fühlen uns dann wohl oder unwohl.
Wir können also als Neugeborene eine Harmonie, oder anders ausgedrückt: eine Schwingung um uns herum wahrnehmen,

für die wir kein Sinnesorgan haben. Es gibt kein Tastsinn, kein Ohr, kein Auge, keine Zunge, um Harmonie um uns herum festzustellen. Also müssen wir irgendeinen »Sensor« in uns haben, den wir anatomisch nicht kennen, den wir nicht benennen können, der uns aber dennoch die Schwingung um uns herum vermittelt. Als Neugeborene und Säuglinge sind wir noch in der Lage, nur durch diesen »Sensor« Kontakt mit unserer Umwelt zu haben.

Je älter wir werden, desto mehr lernen wir durch unseren Verstand. Wir lernen, Töne zu unterscheiden, Bilder zu benennen, Geschmäcke zu differenzieren, unseren Tastsinn einzusetzen. Wir brauchen auch diesen Lernprozeß unserer fünf Sinne, um in der Materie leben und überleben zu können. Über unsere Sinnesorgane wird die Materie von der Materie auf-

genommen und nach Abschluß dieses Lernpozesses auch erkannt.
Während dieses Lernvorgangs wird dieser andere »Sensor«, der in uns ist, jedoch mehr und mehr unterdrückt. Da in unserer Erziehung nur der Intellekt gefragt ist, wird das Gefühl, die Intuition, die in jedem von uns ist, nicht gefördert. Unsere Erziehung beruht nicht darauf, ein Kind zu fragen, wie es sich fühlt, wenn es dieses oder jenes tut oder sieht, sondern nur auf dem verstandesmäßigen Erkennen. Dadurch verkümmert der »Sensor« für die Aufnahme von Schwingungen im Laufe unserer Erziehung mehr und mehr. Lediglich in der Kunst können wir noch eine Harmonie der Töne oder der Farben empfinden. Wir können dabei die Schwingungen der Töne oder Farben empfinden und uns wohl fühlen oder nicht. Gefühle steigen dadurch in uns auf, die

wir nicht erklären können. Diese Empfindungen kann unser Verstand nicht analysieren.
Wir wissen, daß wir durchaus eine bestimmte Empfindung für Menschen haben können, die nicht an unsere fünf Sinne gekoppelt ist. Ein Mensch kann durchaus sehr häßlich und unansehnlich sein. Trotzdem empfinden wir ihn als liebenswert und schön, obwohl unser Auge und das der anderen sagt, er sei häßlich. Diese Empfindung in uns kommt von dem »Sensor« in uns, der nicht erklärbar ist. Wir nehmen nämlich die Schwingung dieses Menschen auf. Jst die Schwingung unserer eigenen ähnlich, dann empfinden wir die Harmonie dieser Schwingungen und sagen, dieser Mensch sei liebenswert und schön. Wenn alle anderen sagen, er sei häßlich, können sie die Schwingung entweder nicht aufnehmen, oder die beiden Schwingungen verhalten sich nicht har-

monisch zueinander. Deshalb wird nur dem vertraut, was das Auge sieht.
Am Anfang unseres Lebens ist der »Sensor« für die Aufnahme von Schwingungen noch sehr ausgeprägt; später verkümmert er jedoch mehr und mehr. Interessanterweise ist die Aufnahmefähigkeit für Schwingungen um uns herum umso besser und ausgeprägter, insofern einer unserer Sinne verkümmert oder verloren geht. Ein Mensch, der nicht sehen oder hören kann, ist vielmehr darauf angewiesen, sich auf seinen »Sensor« für Schwingungen zu verlassen, als seinen Sinnen zu vertrauen. Er hat dann eine andere Wahrnehmung seiner Umwelt, der Dinge und der Menschen um ihn herum. Auch von sterbenden Menschen wissen wir, daß in dem Moment, wo ihre Sinne nachlassen und verkümmern, dieser »Sensor« für Schwingungen wieder aktiv wird. Eine Spannung im Raum wird sofort wahrge-

nommen, obwohl sonst kaum noch eine Reaktion auf etwas erfolgt. Mit dem Erlöschen der Sinne wird also der »Sensor« wieder aktiviert.

Da dieser »Sensor« in uns etwas sehr kostbares und sehr feines ist, mit dem wir auch subtile Gefühle, Schwingungsänderungen und Stimmungen um uns herum wahrnehmen können, sollten wir uns fragen, wie wir ihn besser nutzen können. Wir haben gesehen, daß er nach Ausschalten der Sinne aktiv wird. Dies bedeutet, daß wir durch bewußtes Ausschalten unserer Sinne durch die Meditation diesen »Sensor« trainieren können. Im Laufe der Zeit lernen wir dann wieder, zu ganz anderen Wahrnehmungen zu kommen, als wir sie uns heute vorstellen können. Wir wissen mit unserem Verstand, daß die Welt aus mehr besteht, als unsere fünf Sinne wahrnehmen können. Trotzdem machen wir uns nicht auf zu erkunden, was es noch alles um uns gibt, das für uns nicht wahrnehmbar und trotzdem vorhanden ist. Wir könnten in der gleichen Welt leben, in der wir leben, und doch in einer völlig veränderten Welt, wenn unsere Wahrnehmung eine andere wäre. Das besagt auch der Ausdruck: »In der Welt und doch nicht von dieser Welt sein!« Die Wahrnehmung der Welt durch eine Aufnahme der verschiedenen Schwingungen um uns herum würde unsere Welt verändern. Wir könnten durch Aufnahme der Schwingung eines anderen Menschen sein Leid und seine Freude, seine Angst und sein Glück wirklich wahrnehmen und teilen. Denn seine Schwingung trifft auf unsere und teilt sich unserer Schwingung mit. Dadurch wird unsere wie seine Schwingung verändert. Dies bedeutet auch: »Geteiltes Leid ist halbes Leid und geteilte Freude ist doppelte Freude.«

Durch die Aufnahme der Schwingung eines anderen hüten wir uns, den anderen zu verletzen. Denn wir empfinden seinen Schmerz. Unser Zusammenleben wäre anders geprägt. Wir könnten bewußt wahrnehmen, daß wir uns gut fühlen, indem wir dem anderen etwas Gutes tun. Unsere Schwingung wird durch die Freude des anderen erhöht. Dies meint auch das Christus' Wort: »Was du einem anderen Gutes tust, tust du dir.«

Wir sehen, es hängt alles nur davon ab, zu welcher Wahrnehmung unserer Umgebung und unserer Welt wir fähig sind.

Unsere Wahrnehmung ist im Herzen.
Unser Intellekt ist im Kopf.
Wenn der Intellekt das Herz beherrscht,
ist das Leben nicht mehr lebenswert
und die Welt wird untergehen.

Doch es gibt immer weniger Herzen,
die offen sind.

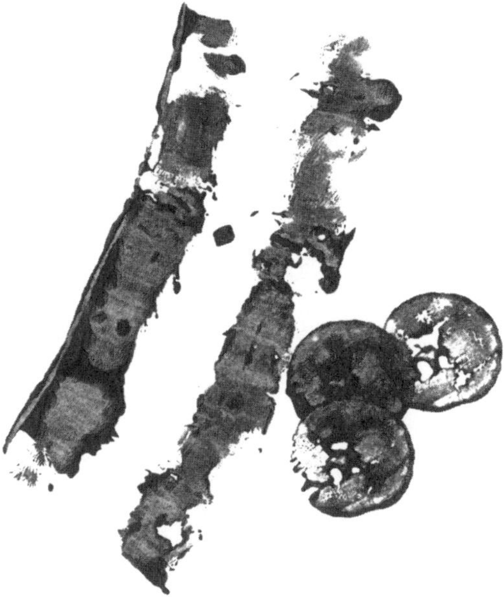

Was ist Erleuchtung?

Wir streben immer nach Erleuchtung. Was immer wir uns darunter vorstellen mögen.
Dabei übersehen wir, daß Erleuchtung jede Erfahrung einer Erweiterung unseres Bewußtseins jenseits unserer gegenwärtigen Grenzen ist.
Jede, tatsächlich jede Erfahrung, die unser Bewußtsein ein wenig erweitert, ist eine kleine Erleuchtung. Nicht umsonst sagen wir: »Uns ist ein Licht aufgegangen.« Genau dies ist damit gemeint.
Vollkommene Erleuchtung ist die Erfahrung, daß unser Bewußtsein grenzenlos ist. Damit erkennen wir auch, daß wir selbst grenzenlos sind und eins mit allem.
So einfach ist die Erleuchtung.

Was immer wir glauben
und von dem wir überzeugt sind,
daß es richtig ist,
wird für uns wahr sein.

Wahrheit ist immer subjektiv.
Erst wenn wir alles kennen.
Können wir auch die Wahrheit erkennen.
Doch welcher Mensch kann das von sich
behaupten?

Julia Ulrich setzte in den Bildern dieses Buches ihre persönlichen Empfindungen zu den einzelnen Themen um. Die ehemalige Waldorf-Schülerin und angehende Goldschmiedin ist eine Freundin von Dagmar Berg.

Dr. Dagmar Berg ist seit zwanzig Jahren als Chirurgin in eigener Praxis tätig. In Blaustein bei Ulm leitet sie eine Klinik für Gefäßkrankheiten.
Beeinflußt durch ihre eigenen Erfahrungen und die ihrer Patienten gründete sie in Südfrankreich das »Weiße Haus«, das im Sommer 1997 eröffnet wird. Dort bietet sie zusammen mit Psychologen, Ärzten und Heilern Menschen in schwierigen Lebens- und Krankheitssituationen eine ganzheitliche Begleitung.

Bereits erschienen

Dagmar Berg

Denk mal darüber nach

Betrachtungen für jeden Tag

Mit Bildern von Julia Ulrich

»Wir kommen, um zu gehen und wir leben, um zu lieben. Und doch ist es das Schwerste, alles loszulassen und alle zu lieben.«

Durch äußeres Leid und Kummer wurde Dr. Dagmar Berg vor zehn Jahren aus ihrem gewohnten Denkschema herausgerissen und auf einen anderen Weg geführt.

Ihre neu gewonnene Lebenseinstellung ist wesentlich in dieses Buch eingeflossen. »Denk mal darüber nach« betrachtet das Leben aus dieser anregenden Perspektive und begleitet uns Suchende durch das Jahr.

Cosma Verlag 1995 *Seraphim Band 2*
ISBN 3-931255-01-8 DM 18,–